尋回清靜心
長者失眠改善小組實務手冊

梁玉麒、張敏思、冼鳳儀、楊婉兒、梁淑雯、陳順意　著

《尋回清靜心 —— 長者失眠改善小組實務手冊》

出　品	基督教香港信義會社會服務部	
地　址	信義會馬鞍山長者地區中心〔馬鞍山錦泰苑商場一樓〕	
電　話	3124 7633	
傳　真	3124 7712	
電　郵	mosdecc@elchk.org.hk	

著　者	梁玉麒、張敏思、冼鳳儀、楊婉兒、梁淑雯、陳順意	
封面設計	飯氣攻心	
封面圖片	shutterstock	
出　版	策馬文創有限公司	
電　話	(852) 9435 7207	
傳　真	(852) 3010 8434	
電　郵	ridingcc@gmail.com	
出版日期	2018 年 5 月初版	
發　行	香港聯合書刊物流有限公司	
	香港新界大埔汀麗路 36 號中華商務印刷大廈 3 字樓	
承　印	陽光（彩美）印刷有限公司	
國際書號	978-988-13348-7-9	
圖書分類	社會工作	

Published and Printed in Hong Kong

作者

梁玉麒　香港中文大學社工系　社會工作專業應用副教授

張敏思　香港中文大學社工系　專業顧問

冼鳳儀　基督教香港信義會馬鞍山長者地區中心　中心主任暨計劃督導
　　　　（至 2017 年 2 月 28 日）
　　　　基督教香港信義會社會服務部　服務總監（康復及社區服務）（現職）

楊婉兒　香港中文大學社工系　研究助理（至 2017 年 4 月 30 日）
　　　　基督教香港信義會馬鞍山長者地區中心　計劃主任（現職）

梁淑雯　香港中文大學社工系　助理教授

陳順意　基督教香港信義會馬鞍山長者地區中心　社工

工作小組成員

梁玉麒　香港中文大學社工系　社會工作專業應用副教授

張敏思　香港中文大學社工系　專業顧問

冼鳳儀　基督教香港信義會馬鞍山長者地區中心　中心主任暨計劃督導
　　　　（至 2017 年 2 月 28 日）
　　　　基督教香港信義會社會服務部　服務總監（康復及社區服務）（現職）

楊婉兒　香港中文大學社工系　研究助理（至 2017 年 4 月 30 日）
　　　　基督教香港信義會馬鞍山長者地區中心　計劃主任（現職）

梁淑雯　香港中文大學社工系　助理教授

陳順意　基督教香港信義會馬鞍山長者地區中心　社工

葉葆琳　基督教香港信義會馬鞍山長者地區中心　社工

李海珊　基督教香港信義會馬鞍山長者地區中心　社工

目 錄

序

不少研究指出長者普遍會遇上失眠問題，有人視之為年老階段必然面對的狀況，也有人認為是身體健康出現問題，尋求醫療或保健產品的幫助。不過，藥物的效果有時是會因人而異，正是「失眠難耐，有苦自知」。另外，有一種觀點是將失眠視為身體發出的一種訊號，提醒自己的社交生活、心靈狀態、作息飲食習慣等，均出現了狀況，需多加留意。這種觀點有別於傳統醫療模式，嘗試在使用藥物以外另覓途徑，將失眠問題視作身體與自己的對話，需要長者發掘對失眠狀況的自我詮釋及意識，從而尋找一種更能對應自己的方案，去處理自身的需要。作為輔導員一方的社工，是需要加以配合，並對應長者之需要提供另類的介入模式。

自 2011 年起，信義會長者服務的同工在梁玉麒教授、張敏思女士及梁淑雯女士的指導下，嘗試以小組心理治療角度入手，與長者一同尋找失眠的原因。除了透過認知行為治療的手法外，更願意用心聆聽，與長者一起回顧失眠的歷程，重新理解它對自身的價值和意義，讓長者探索自我，深入了解自己的關注和牽掛，明白自己的心態及情緒如何影響睡眠，並學習如何能對症下藥，找到適合自己的改善方法。

《尋回清靜心——長者失眠改善小組實務手冊》總結了同工們七年來的實戰經驗和探索的心路歷程，希望能與業界分享，一同切磋砥礪。所謂「解鈴還需繫鈴人」，願長者在失眠的問題上，重新理解自己的需要，及更明白身體釋放出來的訊息，學習去適應、愛惜和照顧自己。

何顯明

助理總幹事（長者服務）

基督教香港信義會社會服務部

作者的話

創造學習與傳承的空間

在一班資深社工好友們的一腔熱誠下，嘗試把認知行為治療及探索內心需要的理論應用於失眠問題上，期望能讓受失眠困擾人士尋回清靜的心境，創造有利睡眠的條件，讓好眠自然而來。這次特別的是，由社工系老師鼓勵了他的學生作觀察並給予回饋，當中包括已畢業的並在不同機構工作或仍然在學的社工學生。就這樣，跨年代、跨機構及跨學院的團隊便不經不覺地產生了。這充滿感情的學習，滋養著整個團隊，也就是這樣，我們開展了一個又一個的「尋回清靜心」小組。過程中，老師和不同資歷的社工一起用心交流，並勇敢作出嘗試，這樣學習的氣氛真是十分珍貴。

我們有的參加過觀察團隊，有的帶領過小組，有的把經驗記下來，有的協助整理研究等等。回望這七年間，每位曾經在小組中參與過的社工，都帶著一份虛心學習的態度，一份樂於陪伴長者去探索失眠的勇氣。在現在繁忙、講求高效率的社福界生態下，仍能滙聚一羣社工一起鑽研理論，嘗試實踐及從中一起反思及改善，實在是難能可貴的經驗。在此，衷心感激每位曾參與過的社工朋友。

虛心聆聽失眠長者的回饋

起初，我們都是對失眠這個課題沒有深入了解，大家都是邊做邊學，不斷摸索適切的介入手法。正因為有這麼多的不知道，我們更能虛心地聆聽長者的回饋。

這小組的理念是以認知行為治療及探索內心需要為基礎，為長者提供了一個角度去理解及面對失眠。由於小組內容涉及很多與睡眠相關的知識，如何能讓長者易於理解並應用是一大挑戰。一方面，我們需要整合和融會貫通，並能精簡握要說明，另一方面，我們更要從他們的回饋中，學會如何整理成更適用於長者的小組介入手法。

經過多年的探索和努力，我們終於把累積的經驗整理並與業界分享。為此，我們特別感謝曾為此書給予意見的信義會同工們。盼望這「尋回清靜心」小組經驗能為失眠長者提供更多門徑，讓他們重拾睡得安穩、活得自在的生活。

梁玉麒、張敏思、冼鳳儀、楊婉兒、梁淑雯、陳順意

知識篇

睡眠是一種自然的生物節奏與韻律。人類有三份之一的時間用於睡眠上，而睡眠有維持生命的功能。研究顯示動物長時間被剝奪睡眠會導致死亡，所以睡眠是生命中很重要的一部份。睡眠讓人得到休息，適度的休息可增進細胞的修復，消除一天累積下來的疲勞，讓身體補充能量，使身心放鬆。睡眠還可強化記憶的功能，有助我們整合白天所吸收的資訊，並協調學習能力（Morin & Espie, 2008）。因此，充足的睡眠對維持身心健康十分重要，讓我們日間工作的能力保持在最佳狀態。

1.1 睡眠基本知識

睡覺雖然是一個靜態行為，但事實上在睡覺的過程中，身體和大腦活動仍在運行。1928 年，德國腦神經科學家貝格爾（H. Berger）發明「腦波測量儀」（Electroencephalography, EEG），為睡眠的研究奠下基礎。此儀器可記錄人在清醒與睡眠狀態下的腦波變化：

- 清醒（清醒狀態）：Beta 波

- 入眠（放鬆或沉靜狀態）：Alpha 波

- 睡眠（深度放鬆及冥想狀態）：Theta 波

- 睡眠（深度睡眠狀態）：Delta 波

a. 非快速眼動睡眠及快速眼動睡眠

1953 年，有「睡眠之父」之稱的芝加哥大學生理學家 Nathaniel Kleitman 發表了「眼球快速移動」理論，解釋了睡眠的過程，並將它分為「非快速眼動睡眠」（Non-Rapid Eye Movement, NREM）及「快速眼動睡眠」（Rapid Eye Movement, REM）兩種。前者包括四個不同的睡眠階段，由淺入深後，再逐漸回到淺眠，佔總睡眠時間約 75%；後者則佔總睡眠時間約 25%，在後半夜所佔的時間比較長。睡眠的過程便是由「非快速眼動睡眠」和「快速眼動睡眠」組成的循環起伏，而每晚會經歷四至五個睡眠週期（Carskadon & Dement, 2017）。

b. 睡眠週期（以下五個階段為一個週期）

非快速眼動睡眠（NREM）			
階段	波段	持續時間	身體狀況及變化
第一階段	Theta	5-10 分鐘	肌肉放鬆，呼吸和心跳緩慢
第二階段		30 分鐘	開始進入睡眠，比較不容易被吵醒
第三階段	Delta	共約 40 分鐘	進入深睡期，身體開始分泌生長激素，進行組織和細胞修復工作
第四階段			更深的熟睡，身體完全休息
快速眼動睡眠（REM）			
第五階段	出現 Theta 波，偶爾夾雜 Alpha 和 Beta 波	約 90-120 分鐘	做夢階段，思想活動頻密，眼睛快速轉動，血壓上升，呼吸和心跳變得不規則

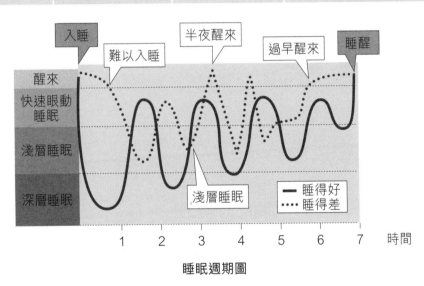

睡眠週期圖

c. 睡眠的結構（Morin & Espie, 2008）

　　人體內有一個潛在機制，稱為睡眠的生理時鐘，它不單告訴我們甚麼時候該睡覺、甚麼時候該醒來，還會控制我們睡多熟及多久。認識和順應生理時鐘的運作，對於維護和提升身心健康十分重要。

1972 年，科學家在人類大腦中央深處的下視丘（hypothalamus）視神經交叉上核（suprachiasmatic nucleus, SCN）的細小神經細胞叢中，找到了這個「生理時鐘」。生理時鐘會透過光線、褪黑激素（melatonin）及體溫變化等因素，調節清醒與睡意的程度，此外，它還有其他的一些功能，包括調節體溫、控制精神狀態及分泌激素等。

光線

　　光線是最重要的外在時間指標，能讓生理時鐘調控睡眠和清醒的節奏。下視丘主管著兩個系統：（1）清醒程度的系統，即我們在清醒狀態下處理日常生活的大小事件；（2）睡意程度的系統，促進我們晚間休息睡眠的慾望。如過份接觸光線，會減弱我們與生俱來依賴陽光來分別白晝和黑夜的能力，以致影響生理時鐘，因此晚上如有太多光線，會令我們的睡意系統無法正常運作，增加失眠的機會。

褪黑激素

　　人在晚間放鬆及躺在床上時，松果體（pineal gland）會釋放出褪黑激素，這是一種荷爾蒙，當它達到一定的分量後，生理時鐘便會讓我們產生睡意，那時便很容易呼呼入睡，直到陽光出來把我們從睡夢中喚醒。

體溫

　　體溫上升和下降的變化，會直接影響我們的清醒與睡意程度（Khalsa, Jewett, Duffy, & Czeisier, 2000）。人類的體溫在每天凌晨約三至五時是最低的，到接近清醒時分，體溫開始逐步上升，而傍晚時間體溫則是最高的。當體溫上升時，我們的清醒程度也相對提高；相反，在體溫逐漸下降時，便會慢慢產生睡意。體溫下降的幅度越大，越容易產生睡意，例如傍晚時做一些令體溫上升的活動（如曬太陽或帶氧運動），令睡前有足夠時間讓體溫大幅下降，更容易入睡。

1.2 失眠基本知識

a. 失眠的定義

根據美國精神醫學會《精神障礙診斷與統計手冊第五版》(DSM-V)（American Psychiatric Association, 2013）及世界衛生組織《國際疾病與相關健康問題之統計分類第十版》(World Health Organization, ICD-10)，失眠的定義如下：

《精神障礙診斷與統計手冊第五版》：

• 睡眠問題每星期至少出現三次，並至少持續三個月；

• 並非因患上任何身體疾病、精神疾病及睡眠疾病（例如睡眠窒息症、渴睡症等），或服用藥物，而引致睡眠問題，並難以找到引致失眠的原因；

• 睡眠障礙的程度足以造成主觀的疲累、焦慮或客觀的工作效率下降、角色功能缺損。

《國際疾病與相關健康問題之統計分類第十版》：

• 難以入睡，難以維持睡眠狀態，睡眠質素差；

• 睡眠問題每星期至少出現三次，並至少持續一個月；

• 日與夜也想著睡眠問題所帶來的影響；

• 睡眠問題令患者有明顯困擾及影響其日常生活。

b. 失眠的類型

短期性失眠

通常由於環境變化、突如其來的壓力或時差等引致，且持續數天至兩星期，但當問題解決或已適應相關轉變後，失眠問題也會隨之消失。

長期性失眠

長期失眠的起因與短期失眠的相若，但由於之後仍維持一些影響睡眠的想法與生活習慣，所以久而久之便形成長期失眠，越是抗拒和害怕失眠，情況會變得越差。

c.　失眠的形態

失眠可分為難入睡、半夜醒及早醒三種形態（Chiu et al., 1999）。據 Roepke & Ancoli-Israel（2010）的研究顯示，大約四至五成 60 歲以上人士認為自己有失眠情況，而長者較多出現半夜醒及早醒的情況。

- 難入睡：上床後輾轉反側，需要三十分鐘以上的時間才能入睡；

- 半夜醒：半夜多次醒來，並要較長時間才能再次入睡；

- 早醒：半夜或凌晨醒來後，難以再次入睡。

d.　失眠的成因

不少受失眠困擾的長者都不知道自己失眠的原因，事實上若不理解引致失眠的原因，便難以對症下藥去處理及改善問題。Spielman, Caruso, & Glovinsky（1987）提出 3P 模式理解失眠，即失眠的出現主要受以下三個因素影響，包括：預先傾向（predisposing factors）、引發因素（precipitating factors）及維持因素（perpetuating factors）（Anthem Media Group, 2003; Doghramji, 2010; Gooneratne & Vitiello, 2014; Rybarczyk, Lund, Garroway, & Mack, 2013）。

預先傾向

預先傾向包含個人先天性的特質。某些人有生理過度反應或者容易觸動思緒，當他們面對壓力時，心跳、體溫及新陳代謝率會較其他人容易升高，因而影響睡眠質素，面對失眠狀況時，亦較容易產生負面的想法或不切實際的期望，由此所產生之壓力和焦慮，進一步影響睡覺，造成惡性循環。

引發因素

各種生活壓力、身體及精神疾病、藥物的副作用等都會誘發失眠。生活壓力是指來自生活上的特別事件（如喪偶、離婚、遷居等）、人際關係、工作壓力或輪班工作等（Morin, Rodrigue, & Ivers, 2003）。一些長期病患，例如關節炎、糖尿病、痛症、癌症、心臟衰竭、柏金遜症、呼吸系統相關疾病、認知障礙症等，也容易影響睡眠質素（Roepke & Ancoli-Israel, 2010）。此外，患有情緒疾病的人士也較易同時出現失眠情況，根據 Ohayon & Roth（2001）的資料顯示，65% 患抑鬱症、61% 患恐慌症及 44% 患廣泛焦慮症的人士均會出現失眠情況。另外，有些藥物如抗抑鬱藥、鎮靜劑及安眠藥等會干擾恆常的睡眠形態，對睡眠質素產生不良影響。

維持因素

一些違反睡眠衛生的行為和習慣均為失眠的維持因素，如經常在床上看書或看電視、賴床等行為，均會加強睡床與清醒的聯繫，以致躺在床上休息時較難產生睡意，影響睡眠效率及令失眠情況惡化。至於日間補眠亦會影響睡眠規律，以致降低晚間應有的睡意。經常喝濃茶、咖啡、酒精類飲品，也可能會干擾或影響睡眠質素，因為這些飲品均是刺激中樞神經的興奮劑。此外，如患者對睡眠有過度期望或負面想法，也很容易產生壓力和緊張情緒而令失眠情況持續或惡化。

以下的外在因素也會影響睡眠質素（Roepke & Ancoli-Israel, 2010）：

- 噪音：如伴侶打鼻鼾的聲音，或家居環境的嘈吵聲，會令睡眠維持在淺睡狀態；

- 溫度：太冷或太熱的室溫；

- 寢具：枕頭、被鋪、床墊的質料和軟硬度；

- 燈光：太強的燈光。

e. 失眠的影響

失眠人士在生理、心理及認知功能上均有機會受到影響，包括增加患心臟病

或癌症的風險（Gooneratne & Vitiello, 2014）、專注力下降、反應變慢、短期記憶下降，以致影響工作效率，或出現如「失眠一定會影響健康」、害怕失眠等不合理的想法，增加患上抑鬱症及焦慮症等情緒病的機率（Morin & Espie, 2008; Jaussent et al., 2011）。此外，長期失眠者則會有認知較容易受損、增加跌倒風險等情況（Roepke & Ancoli-Israel, 2010）。

1.3 失眠的心理介入

失眠一般被視為是一種病症，所以不少人會服用藥物去解決失眠情況。但藥物也有安慰劑效應（placebo effect），即因失眠者相信藥物有效，而令身體及情緒反應有所改變，所以失眠改善可能只是由於對藥物有期望所致。此外，安眠藥或一些鬆弛神經藥物能讓失眠的情況得到即時改善，但效用短暫，而且會引起不少副作用，包括：對藥物產生依賴，一旦停止服用便會出現反彈失眠（rebound insomnia）；隨著藥效漸漸降低，需要增加藥量以維持睡眠等（Alessi & Vitiello, 2011; Bloom et al., 2009）；長者長期服用安眠藥，也會有活動及認知能力減慢、日間變得嗜睡、增加跌倒風險等情況（Glass, Lanctot, Herrmann, Sproule, & Busto, 2005; Rybarczyk et al., 2013）。

另外，華人社會的長者透過服用中藥、食療、耳穴治療、針灸、穴位按摩等手法來改善失眠也頗為普遍（Bian & Zhao, 2003; Sok, Erlen, & Kim, 2003; Suen, Wong, & Leung, 2002; Yeung et al., 2014），但相關的實證研究則較少（Yung, Chung, Ho, Yeung, & Ng, 2016）。

除了生理因素外，失眠與情緒、日常生活習慣等因素不無關係，因此在藥物治療以外，各種心理治療方法亦被廣泛應用去處理失眠，並可達到更持久的效果。Riemann & Perlis（2009）在其綜合分析研究（meta-analysis）中，顯示藥物治療只能帶來短期效果，而各種心理及行為治療卻能帶來長期（約六至八個月不等）而穩定的改善，特別是在入睡時間、半夜醒來的時間及睡眠質素等方面。Ebben & Spielman（2009）亦曾就各種行為介入對處理失眠的成效作出檢視，結果顯示包括認知行為治療、放鬆練習等在內的介入成效，均有不少實證支持。

a. 認知行為治療（Cognitive Behavioral Therapy, CBT）

除了藥物外，人們對睡眠的想法、生活習慣均會影響睡眠質素。相對非失眠者，失眠者對於睡眠較容易有不合理的想法，特別是將身心健康問題歸因於失眠、失去對睡眠的掌控性（controllability）及預計性（predictability），因此而引發較多的無望感（hopelessness）及無助感（helplessness）（Morin et al., 1993; Yung et al., 2016）。

負面的睡眠想法（negative sleep thoughts）是指對睡眠有不合理或扭曲了的念頭，例如「我一定要睡八小時」、「如果不服用安眠藥我便睡不著覺」等，它們會在當事人不察覺的情況下自動出現，令他們產生焦慮、不安的感覺，並引發壓力及相關的身體反應（如心跳加速、肌肉繃緊等），間接令腦部活動變得活躍，處於清醒狀態（Morin, 1993; Morin et al., 1993），形成失眠的惡性循環。認知重建（cognitive restructuring）可讓失眠者重新檢視自己對睡眠的既定想法、期望或歸因（attribution），然後作出改變。例如，透過想法記錄，將由不同情境所引發出的想法和情緒反應寫下，增加對自我的覺察，並尋找替代想法和記錄當中的觀察，以建立較合適及有效的應對方法，以改善睡眠質素。同時，工作員可引用日常生活的例子，協助失眠者闡釋想法、情緒、行為及睡眠質素之間的關係。

由於認知治療要求工作員有較多訓練，而失眠者的執行程度亦會因其教育程度、失眠原因等不同而有所差異，因此，現時不少認知治療程序會結合行為治療及教育介入，形成一套具實證成效的認知行為治療（Leshner, 2005; Pigeon, 2010）。

從行為角度來說，失眠是由於個人與環境連繫而學習得來的結果，故可透過提供睡眠衛生（sleep hygiene）的知識，讓失眠者改變影響睡眠的生活方式和習慣，以改善失眠，當中較常用的是刺激控制法（stimulus control）及睡眠限制法（sleep restriction）（Chan, Ng, & Ng, 2006）。

刺激控制法旨在讓失眠者重新建立睡床與睡眠的關係，減少一些會強化睡床與清醒狀態的連繫（如在床上看書、賴床），或在睡床以外環境入睡（如在沙發上睡覺）的生活習慣，研究顯示這種做法有助降低失眠者對睡眠的預期性焦慮，從而改善睡眠（Bootzin & Epstein, 2000）。

睡眠限制法則是透過調整失眠者的睡眠時間，使其能定時上床和起床，同時失眠者亦需進行有助提升睡意的活動，以減少出現睡不著或醒來後賴床的情況，令作息節奏變得更有規律，逐步提高睡眠效率（Morin et al., 2004; Rybarczyk et al., 2013）。

此外，失眠者可同時配合呼吸放鬆、肌肉鬆弛、意像鬆弛等方法，減少身體出現肌肉繃緊、呼吸和心跳加速等徵狀，感受身心放鬆的感覺，從而改善睡眠質素（Rybarczyk et al., 2013）。這些放鬆療法一般包含四種元素：寧靜的環境、舒適的姿勢、專注於一件固定的事物上、順應不迴避或對抗雜念。至於與長者進行放鬆療法時，需注意他們的身體狀態，如患有關節炎者會較難維持肌肉繃緊的感覺、患有呼吸系統疾病者會感到深呼吸困難等；工作員唸文本時的聲量及音調，亦需按長者的聽力而有所調整（Lichstein, 2000）。

失眠認知行為治療具結構系統、指導性及心理教育的性質，工作員需在過程中持續評估失眠者對資訊的接收和理解，並了解相關應用能否切合他們的需要，同時避免使用具批判性的字眼，令失眠者產生抗拒感。失眠認知行為治療的效果較藥物治療更明顯及具持久性，失眠者可持續於日常生活中觀察改善的情況，而服用藥物治療的失眠者若配合失眠認知行為治療，其所服用的安眠藥藥量會較接受單一藥物治療的失眠者為少（Morin, Bastien, Brink, & Brown, 2003; Sivertsen et al., 2006），同時，小組治療及自助（self-help）的方式均較個人治療具成本效益（Rybarczyk et al., 2005）。

b. 知行易徑（Strategies Skills Learning and Development, SSLD）

知行易徑源於社交技巧訓練（social skills training），並結合了不同理論和實務經驗發展而成。它強調問題行為的出現皆有其目的，反映著背後有些未被滿足的需要，故工作員應著眼於令這些行為出現的動機，而非只聚焦於行為上的改變。另外，這些行為和動機也與身體機能、認知、情感及外在環境等互相影響，即使每個人面對同樣的問題，當中也有其差異性，工作員不能以單一原因或方法去處理（曾家達、游達裕，2011）。

以失眠為例，失眠只是一個表徵問題，各人失眠的起因也有不同，例如痛

症、與家人關係不和、親友離世、強逼自己入睡等,當中亦反映出各自的內心需要,例如受到尊重、得到別人關心、與人建立親密關係等,故工作員需先與失眠者建立協作關係,與他們一同認識自己,釐清自己的需要和目標,對症下藥,共同尋找適合自己的方法和策略,以減少失眠的出現。

知行易徑是一個建基於多項應變思維(multiple contingencies thinking)的學習系統,強調介入內容需有一定的彈性,按照服務對象的個性、能力和處境,去制定所需的策略和技巧,以回應個人的需要;同時透過經驗學習,將所學於日常生活中實踐、記錄及觀察效果,並將相關經驗與人分享,促進轉化。另外,即使是同一個主題的小組,每個小組均有自己的特點,也可利用小組動力去為組員提供暢所欲言的空間、增進組員間的互助關係、提升組員的創意去學習新的策略等,而小組內容也需按組員的參與情況、內心需要、小組發展過程等去作出調整(Tsang, 2008; 曾家達、游達裕,2011)。

1.4 老年與睡眠

隨著年齡增長,睡眠的總時間和品質均會受到不同程度的困擾及影響(Carskadon & Dement, 2017),因此不少長者均希望得到治療。要協助長者紓緩失眠問題可能會較普通成年人複雜,因影響長者睡眠質素的,可能是老年帶來的身心疾病,或服食藥物的副作用等(Roepke & Ancoli-Israel, 2010),也與長者睡眠結構改變、生活習慣轉變等因素有關。因此,工作員宜先了解老年與睡眠的相關知識,才能作出適當介入。

a. 長者常見疾病及藥物副作用

長者失眠問題很多時候是因身體疾病引致,常見的包括各類痛症、心臟病、胃酸倒流、慢性肺病和認知障礙症等。長者因長期病需長時間服用藥物,而當中的中樞神經興奮劑、甲狀腺素、類固醇及抗抑鬱類藥物等,均有機會影響睡眠質素。有研究指出如長者服用五種或以上的藥物,患有失眠的機會率也會越高(方婷,2010)。

b. 睡眠時間的總量減少

人的睡眠時間總量會隨著年齡減少。初生嬰兒一般需要 16–18 小時的睡眠，幼童則需要 11–14 小時，至適齡的學童減少至 9–10 小時，青少年及成年人平均睡 7–8 小時，而長者平均睡 5–6 小時。

c. 淺睡時間增加

長者的淺層睡眠（第一及第二階段）時間會增加，相反深層睡眠（第三及四階段睡眠）時間卻會隨年齡減少，睡眠也會變得較零碎，容易半夜醒來，以至覺得睡得不熟，降低睡眠效率（Roepke & Ancoli-Israel, 2010）。因此，長者日間較容易打瞌睡，以彌補夜間睡眠的不足。

d. 生活習慣方面

長者對外在環境如燈光、體溫及褪黑激素等敏感度會減低，如加上日間運動量不足、陽光吸收不足、喝咖啡、濃茶或吸煙等習慣，也會容易引致失眠。

1.5 本地長者失眠情況

長者失眠的情況，在不同國家及地區均會出現，但過去不少相關的研究都是在非華人地區進行，本地的研究則較少（Ng & Chan, 2008）。直至 1999 年才有第一個本地長者失眠情況的研究，並由香港中文大學精神科學系趙鳳琴教授負責，結果顯示在受訪的 1,034 名 70 歲或以上長者中，有七成半受訪者表示有偶發或長期的睡眠困難，當中有接近四成的長者被定義為有失眠情況。另一個本地研究訪問了共 9,851 名 18 至 65 歲人士，顯示失眠的情況會隨年齡增長而上升（Li, Wing, Ho, & Fong, 2002）。

另外，衛生署於 2008 年進行的香港失眠問卷調查，成功訪問了 2,000 人，當中 55 至 64 歲組別的失眠比率高達 26.9%，其次為 45 至 54 歲組別，失眠比率也達 22.8%。Wong & Fielding（2011）亦在其研究中，成功訪問了 5,001 人，結果顯示有四成人患上失眠，較 2007 年同類型調查的 12% 高出三倍，當中 60 歲或以上長者的失眠普遍程度亦超過四成半，是眾多年齡組群中最高的。

本地長者失眠的情況還會受華人的文化思想及觀念所影響，例如他們覺得失眠是由於身體內陰陽失衡所致，又或風水欠佳、鬼神纏擾而造成，因而無法對症下藥，甚至採用不良的方法去處理，導致失眠情況持續。另外，華人文化中亦不鼓勵向外展現及表達自己的負面情緒，長者如遇上不如意的事，往往會將自己的感受壓抑在心中，久而久之也會影響睡眠，甚至令失眠情況惡化（Yung et al., 2016）。

總結

本地長者失眠情況普遍，而藥物治療及失眠認知行為治療是兩種較常用的改善睡眠質素的介入方法。有研究顯示失眠者經過四至八星期的藥物或失眠認知行為治療後，兩者在效果上沒有明顯差別，但後者比前者更能帶來持續的成效，加上藥物治療有其副作用，故建議長者先使用一些非藥物治療方法（Riemann & Perlis, 2009）。另外，若完成藥物及失眠認知行為綜合療法的失眠者能逐漸停止服用安眠藥物，其失眠改善率也會較繼續服用藥物者為高（Morin et al., 2009）。長者失眠的原因眾多，對身心有不同程度的影響，難以用單一模式去看待長者失眠的情況。因此，工作員宜了解失眠者的需要，並配合文化因素，與他們共同訂立切合現實狀況的改善目標，並尋找合適的方法（Gooneratne & Vitiello, 2014）。

參考資料

Alessi, C., & Vitiello, M. V. (2011). Insomnia (primary) in older people. *BMJ Clinical Evidence, 2011*. Retrieved from https://www.ncbi.nlm.nih.gov/pmc/articles/PMC3275108/

American Psychiatric Association. (2013). *Diagnostic and Statistical Manual of Mental Disorders, DSM-V* (5th ed.). Washington, DC: American Psychiatric Pub.

Anthem Media Group. (2003). *Factor that affect insomnia.* Los Angeles: Anthem Media Group.

Bian, Z. X., & Zhao, Z. Z. (2003). 100病中醫食療 [Chinese dietetic therapy for 100 diseases]. Hong Kong: Hua Qian Shu Chu Ban You Xian Gong Si. Hong Kong: Arcadia Press Limited.

Bloom, H., Ahmed, I., & Alessi, C., Ancoli-Israel, S., Buysse, D., Kryger, M., Philips, B., Thorpy, M., Vitiello, M., & Zee, P. (2009). Evidence-based recommendations for the assessment and management of sleep disorders in older persons. *Journal of American Geriatric Society, 57*(5), 761–789. doi:10.1111/j.1532-5415.2009.02220.x

Bootzin, R. R., & Epstein, D. R. (2000). Stimulus control. In K. L. Lichstein & C. M. Morin (Eds.), *Treatment of late-life insomnia* (pp. 167-184). Thousand Oaks, CA, US: Sage Publications, Inc.

Buysse, D. J., Reynolds, C. F., Kupfer, D. J., Thorpy, M. J., Bixler, E., Manfredi, R., Kales, A., Vgontzas, A., Stepanski, E., & Roth, T. (1994). Clinical diagnoses in 216 insomnia patients using the International Classification of Sleep Disorders (ICSD), DSM-IV and ICD-10 categories: A report from the APA/NIMH DSM-IV Field Trial. *Sleep, 17*(7), 630–637.

Carskadon, M. A., & Dement, W. C. (2017). Chapter 2 - Normal human sleep: An overview. In M. A. Carskadon & W. C. Dement (Eds.), *Principles and practice of sleep medicine,* pp. 15-24. doi:10.1016/B978-0-323-24288-2.00002-7

Chan, K. F., Ng, P., & Ng, K. Y. (2006). The effects of an intervention group with the support of non-pharmacological Chinese medicine on older Chinese adults with insomnia: A pilot study. *International Social Work, 49*(6), 791–803. doi:10.1177/0020872806069083

Chiu, H. F. K., Leung, T., Lam, L. C., Wing, Y. K., Chung, D. W., Li, S. W., Chi, I., Law, W. T., & Boey, K. W. (1999). Sleep problems in Chinese elderly in Hong Kong. *Sleep, 2*(6), 717–726.

Doghramji, K. (2010). The evaluation and management of insomnia. *Clinics in Chest Medicine, 31,* 327–339. doi:10.1016/j.ccm.2010.03.001

Ebben, M. R., & Spielman, A. J. (2009). Non-pharmacological treatments for insomnia. *Journal of Behavioural Medicine, 32*(3), 244–254. doi:10.1007/s10865-008-9198-8

Glass, J., Lanctot, K. L., Herrmann, N., Sproule, B. A., & Busto, U. E. (2005). Sedative hypnotics in older people with insomnia: Meta-analysis of risks and benefits. *BMJ, 3311*(7526), 1169–1175. doi: 10.1136/bmj.38623.768588.47

Gooneratne, N. S., & Vitiello, M. V. (2014). Sleep in older adults: Normative changes, sleep disorders, and treatment options. *Clinical Geriatric Medicine, 30*(3), 591–627. doi:10.1016/j.cger.2014.04.007

Jaussent, I., Bouyer, J., Ancelin, M., Akbaraly, T., Pérès, K., Ritchie, K., Besset, A., & Dauvilliers, Y. (2011). Insomnia and daytime sleepiness are risk factors for

尋回清靜心

depressive symptoms in the elderly. *Sleep, 34*(8), 1103–1110. doi:10.5665/SLEEP.1170

Khalsa, S. B. S., Jewett, M. E., Duffy, J. F., & Czeisier, C. A. (2000). The timing of the human circadian clock is accurately represented by the core body temperature rhythm following phase shifts to a three-cycle light stimulus near the critical zone. *J Biol Rhythms, 15*(6), 524–530. doi:10.1177/074873040001500609

Leshner, A. (2005). NIH State-of-the-Science Conference statement on manifestations and management of chronic insomnia in adults. In K. L. Lichstein (Ed.), *Clinical relaxation strategies.* New York: Wiley.

Li, R. H. Y., Wing, Y. K., Ho, S. C., & Fong, S. Y. Y. (2002). Gender differences in insomnia - a study in the Hong Kong Chinese population. *Journal of Psychosomatic Research, 53*(1), 601–609. doi:10.1016/S0022-3999(02)00437-3

Lichstein, K. L. (2000). Relaxation. In K. L. Lichstein & C. M. Morin (Eds.), *Treatment of late-life insomnia* (pp. 185–206). Thousand Oaks, Calif.; London : SAGE.

Morin, C. M. (1993). *Insomnia: Psychological assessment and management.* New York: Guilford Press.

Morin, C. M., Bastien, C. H., Brink, D., & Brown, T. R. (2003). Adverse effects of temazepam in older adults with chronic insomnia. *Human Psychopharmacology, 18*(1), 75–82. doi: 10.1002/hup.454

Morin, C. M., Bastien, C., Guay, B., Raduoco-Thomas, M., Leblanc, J., & Vallieres, A. (2004). Randomized clinical trial of supervised tapering and cognitive behavior therapy to facilitate benzodiazepine discontinuation in older adults with chronic insomnia. *American Journal of Psychiatry, 161*(1), 332–342. doi:10.1176/appi.ajp.161.2.332

Morin, C. M., & Espie, C. A. (2008)。失眠的評估與治療：臨床實務手冊（楊建銘、黃彥霖、林詩維譯）。台北：心理出版社股份有限公司。（原著出版於2003）。

Morin, C. M., Rodrigue, S., & Ivers, H. (2003). Role of stress, arousal, and coping skills in primary insomnia. *Psychosomatic Medicine, 65*(2), 259–267. doi:0.1097/01.PSY.0000030391.09558.A3

Morin, C. M., Stone, J., Trinkle, D., Mercer, J., Remsberg, S., & Salthouse, T. A. (1993). Dysfunctional beliefs and attitudes about sleep among older adults with and without insomnia complaints. *Psychology and Aging, 8*(3), 463–467. doi:10.1037/0882-7974.8.3.463

Morin, C. M., Vallieres, A., Guay, B., Ivers, H., Savard, J., Merette, C., Bastien, C., & Baillargeon, L. (2009). Cognitive behavioral therapy, singly and combined with medication, for persistent insomnia: a randomized controlled trial. *JAMA, 301*(19), 2005–2015. doi:10.1001/jama.2009.682

Ng, P., & Chan, K. F. (2008). Integrated group program for improving sleep quality of elderly people. *Journal of Gerontological Social Work, 51*(3–4), 366–378. doi:10.1080/01634370802039726

Ohayon, M. M., & Roth, T. (2001). What are the contributing factors for insomnia in the general population? *Journal of Psychosomatic Research, 51*, 745–755.

Pigeon, W. R. (2010). Treatment of adult insomnia with cognitive-behavioral therapy. *Journal of Clinical Psychology, 66*(11), 1148–1160. doi:10.1002/jclp.20737

Riemann, D., & Perlis, M. L. (2009). The treatments of chronic insomnia: A review of benzodiazepine receptor agonists and psychological and behavioral therapies. *Sleep Medicine Reviews, 13*(3), 205–214. doi:10.1016/j.smrv.2008.06.001

Roepke, S. K., & Ancoli-Israel, S. (2010). Sleep disorders in the elderly. *India Journal of Medical Research, 131*(2), 302–310.

Rybarczyk, B., Lund, H. G., Garroway, A. M., & Mack, L. T. (2013). Cognitive behavioral therapy for insomnia in older adults: Background, evidence, and overview of treatment protocol. *Clinical Gerontologist, 36*(1), 70–93. doi:10.1080/07317115.2012.731478

Rybarczyk, B., Stepanski, E., Fogg, L., Lopez, M., Barry, P., Davis, A., & la Greca, Annette M. (2005). A placebo-controlled test of cognitive-behavioral therapy for comorbid insomnia in older adults. *Journal of Consulting and Clinical Psychology, 73*(6), 1164–1174. doi:10.1037/0022-006X.73.6.1164

Sivertsen, B., Omvik, S., Pallesen, S., Bjorvatn, B., Havik O. E., & Kvale, G., Nielsen, G., & Nordus, I. (2006). Cognitive behavioral therapy vs zopiclone for treatment of chronic primary insomnia in older adults: A randomized controlled trial. *JAMA, 295*(24), 2851–2858. doi:10.1001/jama.295.24.2851

Sok, S. R., Erlen, J. A., & Kim, K. B. (2003). Effects of acupuncture therapy on insomnia. *Journal of Advanced Nursing, 44*(4), 375-384. doi:10.1046/j.0309-2402.2003.02816.x

Spielman, A. J., Caruso, L. S., & Glovinsky, P. B. (1987). A behavioral perspective on insomnia treatment. *Psychiatric Clinics of North America, 10*(4), 541–553.

尋回清靜心

Suen, L. K., Wong, T. K., & Leung, A. W. (2002). Effectiveness of auricular therapy on sleep promotion in the elderly. *The American journal of Chinese medicine, 30(04),* 429-449.

Tsang, A. K. T. (2008). *SSLD: Approach to sleeping well.* Retrieved from http://kttsang.com/ssld/sleepwell.html#

Wong, W. S., & Fielding, R. (2011). Prevalence of insomnia among Chinese adults in Hong Kong: A population-based study. *Journal of Sleep Research, 20*(1), 117–126. doi:10.1111/j.1365-2869.2010.00822.x

Yeung, W. F., Chung, K. F., Yung, K. P., Ho, F. Y. Y., Ho, L. M., Yu, Y. M., & Kwok, C. W. (2014). The use of conventional and complimentary therapies for insomnia among Hong Kong Chinese: A telephone survey. *Complementary Therapies in Medicine, 22*(5), 894–902. doi:10.1016/j.ctim.2014.08.001

Yung, K. P., Chung, K. F., Ho, F. Y. Y., Yeung, W. F., & Ng, T. H. Y. (2016). The experience of chronic insomnia in Chinese adults: A study using focus groups and insomnia experience diaries. *Behavioral Sleep Medicine, 14*(4), 406–428. doi:10.1080/15402002.2015.1017097

方婷(2010)。做自己的失眠治療師：圖解失眠自療。香港：非凡出版。

曾家達、游達裕編(2011)。知行易徑：基礎與應用。香港：策馬文創有限公司。

實踐篇

2.1 計劃背景

起初由梁玉麒教授、張敏思女士、區結蓮女士及梁淑雯女士等一起去探討失眠的成因及解決方法，並嘗試設計小組，透過小組形式改善失眠問題。2010 年，他們以認知行為治療及知行易徑為理論基礎探討失眠問題，擬訂「尋回清靜心」睡眠質素改善小組內容，為成年人舉辦六節小組（其中第三節為全日營、第四節為半日營）及一節重聚活動（小組完結後約一個月舉行）。除了由社工帶領小組外，其中一節還邀請物理治療師帶領，講解及指導有助放鬆身體的穴位按摩方法。

2011 年，本會和香港中文大學社工系老師合作，按成年小組的內容修訂及調整，以適用於長者，小組節數增至八節及一節重聚活動（小組完結後約一個月舉行）。總結這次經驗，我們發現單次物理治療的講解及指導，對長者改善失眠的成效並不顯著，且考慮小組發展的連貫性後，決定取消這環節。隨後，我們因應長者的需要，舉辦了改善失眠相關的專題工作坊，包括物理治療穴位按摩、中醫穴位及湯療、放鬆練習及香薰治療工作坊等，讓長者能透過數節的活動體驗，更能掌握有助改善失眠的方法。

2013 至 2016 年期間，我們共舉辦了六個長者「尋回清靜心」小組，過程中不斷檢討及修訂，由設計至最後成書的過程，整個團隊及長者都積極互動參與，從實踐、回饋、修訂中集結而成。

2.2 小組理論及介入手法

面對失眠，長者很多時會尋求醫生的診治或服用很多不同的保健產品，部份長者的失眠問題可能因此得到改善，但亦有部份長者繼續長期受失眠所煎熬。很多研究證實認知行為治療是一種非藥物的方法，能有效幫助患者改善失眠。「尋回清靜心」小組便是以認知行為治療為理論框架。

很多長者的失眠可能是因為突發事件所觸發，包括環境及工作轉變、人際問題及其他生活壓力等。當這些事件逐漸消失時，睡眠亦會隨之恢復正常。但對於一些持續面對失眠的長者，一些不良的行為及想法，會令睡眠不能自然發生，令失眠持續。

　　認知行為治療對於處理原發性失眠的效果非常理想，當中包括教導睡眠衛生
習慣，並透過想法的調整，加上行為技巧來改善失眠。「尋回清靜心」小組透過短
講及分組討論等方法，讓組員學習有關睡眠衛生知識、刺激控制法、睡眠限制法
等，以策動組員改變影響睡眠的生活方式和習慣，並建立助眠的行為。此外，小
組過程中，亦讓組員重新檢視不良睡眠的想法和期望，然後作出調整，並建立有
助睡眠的對應想法。

　　起初一班資深社工在探討失眠問題時，更曾參考知行易徑的理論框架，以訂
定小組介入手法。知行易徑關注失眠問題的出現是反映著背後一些未被滿足的需
要。因此，處理失眠問題時，不單著眼於行為及想法上的改變，更關注失眠背後
的動機及內心需要。隨後一班前線社工持續舉辦小組，不斷反思理論與實踐，優
化小組內容。過程中，發現一般長者較難理解及表達內心需要。因此，在實務的
經驗中作出了調整，將重點放在鼓勵組員聆聽失眠背後的訊息，並引導組員更多
理解自己關注的事情。同時，在日營戶外環境下，「尋回清靜心」小組安排學員學
習放鬆練習及不同的靜觀體驗活動，讓組員能增加對自己身體及情緒的覺察，從
而作出適合自己的調整及改變。經驗顯示這些做法能幫助長者更易於理解及掌握
箇中道理。

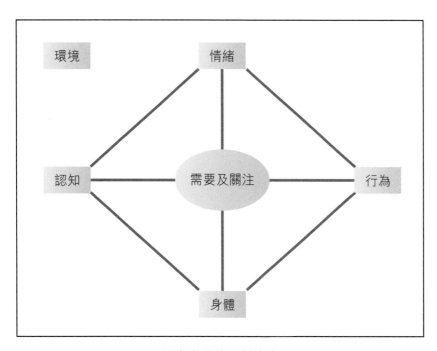

影響失眠的六個範疇

小組目標

透過小組不同的活動，促進組員達致以下目標：

(1) 重建助眠的生活方式及睡眠習慣

(2) 改善睡眠質素

(3) 了解及正視失眠背後的內心需要

以下是「尋回清靜心」小組六個介入範疇的內容及真實例子。

範疇	介入手法
身體 飲食習慣及身體狀況會影響失眠。 真實例子： 1）以往工作時習慣一天飲三杯奶茶，第三杯更在下午茶時段飲用，退休後仍維持這習慣，不知不覺間引致失眠。 2）認為蕃薯是有益健康的食物，故每晚睡前都吃蕃薯，卻令腸胃不適，難以入睡。	1. 講解睡眠衛生知識
認知 對睡眠的假設和標準、對失眠的歸因和對失眠後果的過度焦慮均會加劇失眠。 真實例子： 1）擔心晚上睡得差，日間便沒有足夠精神外出（想法）。 2）一定要睡 8 小時才足夠（標準）。 3）睡得少便會生病（對後果的擔心）。 4）我睡得差便很容易患上認知障礙症（對後果的擔心）。	1. 建立正確的睡眠知識 2. 調整失眠的負面想法

尋回清靜心

範疇	介入手法
行為 一些行為習慣，不知不覺令失眠持續，引致失眠的惡性循環。 真實例子： 1）日間補眠。 2）日間活動量過少。 3）欠缺規律的作息時間。 4）在床上玩手機或看電視、在沙發睡覺的習慣。	1. 睡眠限制法 2. 刺激控制法 3. 填寫睡眠日記及訂立適合自己的行動計劃
情緒 一方面長者因失眠容易產生很多負面情緒，另一方面亦因日間發生的事情而產生負面情緒。當未能紓解時，也會影響晚間的睡眠。透過小組活動體驗，讓組員多覺察和明白自己的情緒。 真實例子： 1）日間與人爭執引致憤怒、難過、失望、哀傷等情緒。 2）抑鬱及焦慮。	1. 放鬆練習 2. 靜觀的體驗包括慢食體驗、繪畫曼陀羅、慢步等以增加對自己情緒的覺察 3. 處理煩惱的方法
環境 環境因素會影響失眠。 真實例子： 1）長者居住公屋單位，常聽到鄰居鐵閘聲而睡不著。 2）睡房空氣不流通及溫度過高或過低。 3）與家人不和，常躲在房間的床上，以減少接觸。	1. 講解睡眠衛生知識

範疇	介入手法
需要及關注 當內心關注的事情未能解決或內心需要未被滿足時，也會引致失眠。 真實例子： 1. 控制的需要（Need for control） 　例子一：一位長者經常失眠，小組分享過程中，她發現自己中風後，面對復康的過程，不知不覺間要求自己盡快康復，期望能控制病情並取得進展，以致過於催促自己，給自己太大壓力，引致失眠。 　例子二：一位組員與去世的丈夫關係不好，她漸漸發現昔日丈夫對她過份的控制，令她現在十分渴望能掌控自己的生活，不再受別人規管。於是她放任自己，生活隨意，不重視自己的作息規律，結果導致失眠。 2. 愛和有歸屬感的需要（Need for love and belonging） 　例子一：一位長者表現緊張及焦慮，常為生活事情感到不知所措。她探索失眠背後的原因，體會到自小獨自成長，欠缺安全感，常感到抑鬱和焦慮，亦難與人分享，原來內心很渴望與人建立關係並獲得支持。 　例子二：一位婆婆因著面子常與女兒爭吵，當接觸到自己內心需要是希望和女兒建立良好關係，她願意放下面子與女兒和好。 3. 享受樂趣的需要（Need for pleasure） 　例子：一位長者分享數年前在酒樓突然暈倒，那天以後他馬上把座駕賣掉，放棄獨個兒上山遊車河和四處探訪朋友的樂趣，因他深怕有天會在駕車時，突然再暈倒。為了安全起見，他犧牲了自己的喜好，他因生活缺乏樂趣而持續失眠。	1. 透過不同的體驗活動，包括繪畫曼陀羅、專注體驗及小組分享，以增加自己的內在覺察，特別是失眠及情緒背後的內心需要及關注，從而能因應失眠背後的需要及關注，建立合適自己的應對方法。

2.3 小組基本資料

小組人數：8–10 人

年齡：60 歲或以上

對象：持續失眠 3 個月或以上人士

教育程度：不限

小組節數：共 8 節及 1 節重聚日

節數	地點及時間
第一至四節	中心舉辦，2 小時 / 節
第五節	全日營（建議安排在中心以外地點，能有機會接觸大自然較佳），上午 10 時至下午 5 時
第六節	半日營（地點同全日營），上午 10 時至下午 1 時
第七至八節	中心舉辦，2 小時 / 節
重聚日	中心舉辦，於小組完結後約一個月進行，2 小時 / 節

2.4 小組特色

1. 聆聽失眠背後的訊息

失眠是一種徵狀，坊間多採取藥物、健康產品或按摩穴位等方式去改善或紓緩失眠徵狀。然而，失眠本身的成因複雜，除了身體健康出現問題外，心理、社交、日常生活習慣，以至日間發生的事情等都會影響夜間的睡眠。本小組強調聆聽失眠背後發出的訊息，引導組員由起初分享失眠這身體徵狀問題，轉向分享自己關注的事情或困擾，增加自我的了解。就自己所困擾的事情，組員能學習回應及滿足自己的內心需要，最終找到處理自己困擾的方法。

2. 著重組員積極的參與

儘管同樣面對失眠，但每個組員失眠的原因和需要都不相同。本小組著重組員積極的參與，工作員主要作引導，讓組員為自己查找引致失眠的真正原因。過

程中，長者吸收有關睡眠的知識、減少或停止不良習慣、培養助眠行為、聆聽失眠背後的訊息，然後在日常生活中實踐。

3. 按組員狀況調整內容

小組雖有既定的內容，但也強調工作員要先根據組員的互動狀況和需要，充份了解每節小組的目的及內容，再按個別組員的狀況，調整小組的內容和重點，甚至調動前後節的次序，以配合小組的互動及發展，讓組員獲得最大的益處。

4 著重組員之間的互動

小組著重組員之間的互動。工作員相信他們本身的內在能力和資源，尤其是他們的人生經驗豐富，透過互動分享，往往提出很多精闢的見解。在實踐經驗中，組員是很願意分享他們關心的議題，如怎樣面對死亡、子女生活或兒孫成長的擔憂、作為照顧者的難處等，而且他們之間所啟發出來的智慧，往往比工作員的看法更精準和對應主題。當小組重複舉辦時，工作員往往能累積前組員們的智慧及成功經驗，作為策動新組員嘗試轉變的動力。

5. 組員填寫睡眠日記

合資格參加小組的長者，會於小組正式開始前與工作員約見一次，除建立彼此的關係外，還可教導長者學習填寫睡眠日記，讓他們更清楚掌握睡眠的狀況，同時，亦能讓工作員較客觀了解組員在小組過程中如何作出改變，以及改變後對睡眠的影響。睡眠日記經過多次修訂，一般長者學習後大致都能掌握填寫方法，但工作員需要在首兩節跟進組員的填寫情況，並作出指導。很多組員在小組後的回饋表示，填寫睡眠日記對他們了解自己的睡眠狀況很有幫助。

6. 設有觀察團隊及任務

小組設立觀察團隊，邀請社工學生或社工參與觀察和討論，他們參與的部份包括：

- 記錄每個環節所需的時間、組員的分享內容、小組重要關鍵事件，以便於

小組後檢討及給予回饋；

- 小組進行時，每位觀察員專注兩至三位組員的分享、參與、改變，以及所面對的困難。

2.5 組員甄選

安排約一小時的個別面談，詳細了解參加者的失眠狀況、參加小組的期望（參閱小組前評估問卷）及身體狀況等，以識別參加者是否適合參加小組。

組前面談的目的

1. 對參加者有基本認識及了解；

2. 講解小組目的，調整組員對小組有適切的期望；

3. 確定組員能參加所有節數。

甄選原則

總結以往經驗，以下失眠人士能透過參與小組，獲得明顯的改善：

1. 較多由維持因素引致的失眠；

2. 缺乏睡眠知識或助眠習慣；

3. 情緒困擾但沒有明顯精神病徵狀；

4. 願意分享及了解自己狀況並作出改變；

5. 不願長期依賴安眠藥物；

6. 符合對小組的期望：

    i. 組員互相交流及鼓勵

    ii. 願意反思、實踐並作出改變

    iii. 需每天記錄睡眠日記

以下人士不適合參加小組：

1. 身體因素引致失眠

   如長者患睡眠窒息症或尿頻等身體問題而引致失眠困擾，但同時卻沒有明顯的情緒困擾，我們會建議他先求醫。

   例如：一位長者因為尿頻，令她半夜醒來多次而引致失眠，但她沒有太大的情緒困擾。這位長者失眠的主因可能關乎身體問題，故不適合參加小組，建議轉介她到泌尿專科求診。

2. 突發事件困擾長者引致失眠

   例如：一位長者面對親人離世，在辦完親人的喪事後，引致急性失眠超過三個月。他的失眠是因為突發事件（親人過身）引致，我們建議他先參加其他更適合長者需要的小組，如親人哀傷小組、支援性小組，或增加社交網絡活動。

3. 長期依賴安眠藥（分量輕微且戒藥意欲高者除外）。

4. 患有嚴重精神病（如：精神分裂症、自殺傾向）並需長期服用精神科藥物。

組前面談資料表

參加者姓名：＿＿＿＿＿＿　　填寫日期：＿＿＿＿＿＿　　編號：＿＿＿＿＿＿

工作員姓名：＿＿＿＿＿＿

個人資料

請在適當的空格內填上 ✓ 號。

一、基本資料	
1　性別：	☐　男性　☐　女性
2　年齡：	＿＿＿＿＿＿＿＿
3　婚姻狀況：	☐已婚　　☐單身　　☐分居／離婚　　☐喪偶　☐同居
4　現時與誰同住？	☐　獨居　　　　　　　　☐　與伴侶同住 ☐　與其他人同住　　　　☐　與家人同住 ☐　其他（請說明：＿＿＿＿＿＿＿＿）
5　學歷：	☐　沒有受過正規教育　　☐　小學程度 ☐　中三程度　　　　　　☐　中五程度 ☐　中七程度　　　　　　☐　大學／大專或以上 ☐　其他（請說明：＿＿＿＿＿＿＿＿）
6　就業情況：	☐　正接受教育（學生／學徒）　☐　待業 ☐　就業（請說明職業：＿＿＿＿＿＿＿） ☐　退休　　　　　☐　家庭主婦 ☐　其他（請說明：＿＿＿＿＿＿＿）
7　宗教信仰：	☐　沒有宗教信仰　☐　天主教　☐　基督教　☐　佛教 ☐　其他（請說明：＿＿＿＿＿＿）
8　居住環境：	☐　私人屋苑　　☐ 公共屋邨　　☐居者有其屋（居屋） ☐　木屋／板間房　☐其他（請說明：＿＿＿＿＿＿）
9　緊急聯絡人：	姓名：＿＿＿＿＿＿　關係：＿＿＿＿＿＿ 聯絡電話：＿＿＿＿＿＿

10	是否有以下健康問題或出現以下情況？

☐ 無（身體健康良好）
☐ 有，所患的健康問題或出現以下情況是：
　　☐ 血壓高 / 低　　☐ 心臟病　　☐ 腎病　　　☐ 糖尿病
　　☐ 膀胱炎　　☐ 睡眠窒息症　☐ 前列腺肥大

氣管性 / 呼吸道 / 肺疾病：
☐ 氣管炎　☐ 哮喘　☐ 慢性呼吸道障礙　☐ 鼻竇炎　☐ 鼻敏感
☐ 肺氣腫　☐ 肺積水　☐ 肺炎

痛症相關疾病：
☐ 癌症 / 腫瘤　　☐ 頭痛　☐ 痛風　☐ 關節炎　☐ 肩周炎
☐ 肌肉 / 骨骼退化　☐ 骨刺（軟骨增生）　☐ 坐骨神經痛

皮膚相關疾病 / 情況：
☐ 皮膚敏感　☐ 皮膚乾燥　☐ 潰瘍　☐ 壓瘡　☐ 疥瘡

腸胃疾病 / 情況：
☐ 腸抽筋　☐ 胃潰瘍　☐ 胃酸倒流（食道逆流障礙）　☐ 消化不良
☐ 睡前太飽（如有吃宵夜習慣、太晚用膳）或太餓
☐ 進食難消化食物（如豆類食品、糯米、芋頭、蕃薯）

精神病：
☐ 抑鬱症　☐ 焦慮症　☐ 其他

晚間睡眠時會否經常出現以下情況：
☐ 半夜起身去廁所　☐ 咳嗽或打鼻鼾聲大　☐ 手腳太凍 / 太熱　☐ 經常發夢
☐ 疼痛　☐ 抽筋或四肢莫名不舒服　☐ 皮膚痕癢　☐ 其他 _____

其他身體不適情況：_____

11	有否服食安眠藥？	☐ 沒有服食 ☐ 曾經服食現已停止（停用多久 _____） ☐ 偶然會服食 ☐ 現在定期服食（已服用多久 _____） 如有服食，請填劑量？_____

12	有否服食其他藥物？ ☐ 服用去水丸 ☐ 能產生睡意的藥物 / 健康產品　請註明：_____ ☐ 其他：_____

尋回清靜心

評估指引

甲、面談前介紹

1. 多謝參加者來到面談

2. 自我介紹（姓名、工作、日後在組內的角色……）

3. 請參加者介紹自己（姓名、工作與否……）

4. 欣賞參加者能出席是次面談並介紹面談程序

   i) 解釋程序及錄音／錄影

   ii) 單獨面談

   iii) 簡單討論

乙、面談

了解參加者的睡眠模式、失眠的情況、經驗、引致失眠的原因及所引致的影響及困擾

1. 失眠狀況

   1.1 何時開始失眠？ ＿＿＿ 年 ＿＿＿ 月

   1.2 維持多久：□ 少於一個月　　□ 一個月至少於六個月
   　　　　　　　□六個月或以上（多久：＿＿＿＿）

2. 睡眠模式

2.1	一星期中有多少天出現入睡困難？	_____ 天	仍留在上床嗎？如何處理難入睡的情況？會做甚麼？
	在這些晚上，你平均要花多少時間才能入睡？	_____ 小時	
2.2	一星期中有多少天你會半夜醒來，之後很難再入睡？	_____ 天	半夜醒來睡不著如何處理？
	這些晚上，你通常會醒來幾次？	_____ 次	
	平均算來，這些晚上你醒了躺在床上的時間有多少？	_____ 小時	
2.3	一星期中有多少天你睡醒的時間比你原定睡醒的時間早？	_____ 天	仍留在床上嗎？如何處理？
2.4	在你失眠的那幾個晚上，你平均睡多少時間？	_____ 小時	
2.5	在你沒有失眠的那幾個晚上，你平均睡多少時間？	_____ 小時	
2.6	一星期中有多少天你能睡一夜好覺？	_____ 天	
2.7	一星期中有多少天你要食安眠藥？	_____ 天	
	在這天裏，你平均食多少粒安眠藥？	_____ 粒	
	正常的劑量是多少粒？	_____ 粒	
2.8	你的平均睡眠質素是： 1分（劣質）至 6分（優質）	_____ 分	

3. (跟進失眠剛開始的狀況) 剛開始失眠的那段時期，有甚麼特別事件引發失眠？

_____

_____

_____

尋回清靜心

4. 你個人認為引致失眠的原因是甚麼？

	工作員評估
4.1 身體因素 _____ _____ 例：半夜起身去廁所 / 咳嗽或打鼻鼾聲大 / 呼吸問題 / 疼痛 / 手腳太凍或太熱 / 抽筋或四肢莫名不舒服 / 皮膚痕癢 / 消化不良 / 睡眠窒息症	
4.2 環境因素 _____ _____ 例：晚間聲音太嘈或太靜（耳鳴）或室友騷擾 / 房間光暗度：燈光太光或太暗 / 睡房環境舒適度 / 寢具（如：床、枕頭、被鋪）等	
4.3 心理因素 _____ _____ 例：抑鬱 / 焦慮 / 經常發惡夢	
4.4 生活習慣 _____ _____ 例：睡前看電視 / 看手機 / 缺乏運動量 / 日間活動量少 / 睡前吃刺激性食物 / 睡前沖熱水涼 / 補眠	
4.5 藥物因素 ☐ 服用藥物，請註明：_____	
4.6 其他原因（如人際關係 / 生活事件） _____ _____ _____	

5. 因失眠而帶來的影響、難為或不快之處：（如：過去面對失眠的深刻經驗或生活例子）

_____

_____

_____

6. 請你列出由失眠引致的最大困擾，並用 1 至 10 分顯示其困擾程度。

（最多可填寫三項困擾，如超過三項，請參加者表達最困擾的三項內容）

困擾程度量表（Target Complaint）

困擾 1：_____

少許困擾　　　　　　　　　　　　　　　　　十分困擾

1	2	3	4	5	6	7	8	9	10

困擾 2：_____

少許困擾　　　　　　　　　　　　　　　　　十分困擾

1	2	3	4	5	6	7	8	9	10

困擾 3：_____

少許困擾　　　　　　　　　　　　　　　　　十分困擾

1	2	3	4	5	6	7	8	9	10

7. 你曾經用過甚麼方法去改善失眠的情況？

(以下項目的目的是協助工作員深化面談及方便填寫之用，不必逐題問)	效果如何？哪些有幫助？哪些沒有？經驗如何？
□ 西藥治療（醫生處方或自行購買成藥）	
□ 中藥治療（中醫處方或自行購買中成藥）	
□ 其他中醫治療（如：推拿、耳穴、針灸等）	
□ 心理治療（如鬆弛練習、催眠等）	
□ 服用草本或健康產品	
□ 運動	
□ 其他另類治療（如：音樂治療、瑜伽、香薰等）	
□ 其他方法：＿＿＿＿＿＿＿＿＿＿＿	

8. 是否還有其他的事情，可讓我對你的失眠情況有進一步的了解？

＿＿＿＿＿＿＿＿＿＿＿＿＿＿＿＿＿＿＿＿＿＿＿＿＿＿＿＿＿＿

＿＿＿＿＿＿＿＿＿＿＿＿＿＿＿＿＿＿＿＿＿＿＿＿＿＿＿＿＿＿

＿＿＿＿＿＿＿＿＿＿＿＿＿＿＿＿＿＿＿＿＿＿＿＿＿＿＿＿＿＿

9. 甚麼原因使你有興趣參加這個小組？你對小組有甚麼期望？你希望參加小組後有甚麼改變？

＿＿＿＿＿＿＿＿＿＿＿＿＿＿＿＿＿＿＿＿＿＿＿＿＿＿＿＿＿＿

＿＿＿＿＿＿＿＿＿＿＿＿＿＿＿＿＿＿＿＿＿＿＿＿＿＿＿＿＿＿

＿＿＿＿＿＿＿＿＿＿＿＿＿＿＿＿＿＿＿＿＿＿＿＿＿＿＿＿＿＿

10. 參加者對失眠的描述及理解（出現的情況、後果等）。[由工作人員總結面談的重點。]

＿＿＿＿＿＿＿＿＿＿＿＿＿＿＿＿＿＿＿＿＿＿＿＿＿＿＿＿＿＿

＿＿＿＿＿＿＿＿＿＿＿＿＿＿＿＿＿＿＿＿＿＿＿＿＿＿＿＿＿＿

＿＿＿＿＿＿＿＿＿＿＿＿＿＿＿＿＿＿＿＿＿＿＿＿＿＿＿＿＿＿

面談結束前：
- 工作員表示感謝參加者的意見，對設計一個更適合他／她需要的小組有很大的幫助。
- 假若工作員認為評估對象適合參加小組，工作員可邀請他／她參加，並簽署同意書。
- 工作員簡單介紹小組規則（如：準時出席活動、講解實踐練習的重要性、小組後評估等）及小組特色（如：有觀察員等）。
- 了解他／她面談後的感覺及疑問。同時，工作員告知下次聚會的日期、地點和時間，以及小組簡介。若參加者表現出情緒不穩的情況，工作員需留意及跟進。

2.6 小組評估

小組採用了三項量表進行前測及後測，以評估組員在參加小組前後對睡眠的負面想法及態度、失眠的困擾程度以及精神健康三方面的轉變。另外，小組完結後透過收集組員的意見問卷，了解組員對小組的意見。完成六個小組後，再安排了兩次聚焦小組訪問，了解組員對小組過程及長者失眠服務發展的想法。

量性研究

小組選取了三份不同量表作為評估工具，包括：睡眠失功能信念及態度量表（中文簡化版）（Dysfunctional Beliefs and Attitudes about Sleep, DBAS-16）、雅典失眠自評量表（Athens Insomnia Scale, AIS）及醫院焦慮及抑鬱量表（Hospital Anxiety and Depression Scale, HADS）。

睡眠失功能信念及態度量表（中文簡化版）（DBAS-16）

此量表由原先三十題睡眠失功能信念及態度量表簡化成十六題，量表主要分為四個元素：（1）失眠所造成的影響、（2）對失眠的擔心與無助感、（3）對睡眠的期望及（4）與藥物相關的信念。量表以李克特 10 點量表（10-point likert scale），由 1（最不同意）至 10 分（非常同意），此量表的信度為 0.86（Morin, Vallieres, & Ivers, 2007）。

尋回清靜心

036

雅典失眠自評量表（AIS）

雅典失眠自評量表共有八題，其中五題自我評估晚間睡眠的狀況，另外三題自我評估睡眠對日間造成的影響。量表為 4 點量表（4-point scale），由 0 至 3 分，每題的量表描述都不同，越高分表示受影響及徵狀越為明顯，此量表的信度為 0.78（Soldatos, Dimitris, & Paparrigopoulos, 2003）。

醫院焦慮及抑鬱量表（HADS）

醫院焦慮及抑鬱量表共有十四題，主要量度焦慮及抑鬱的程度。量表為 4 點量表，由 0（完全沒有）至 3 分（非常嚴重），越高分表示焦慮及抑鬱程度越高，若低於 8 分為正常，8 至 11 分屬於不確定，而 11 分以上則屬於嚴重。此量表在焦慮及抑鬱的信度分別是 0.86 及 0.70（Zigmond & Snaith, 1983）。

參考資料

Morin, C. M., Vallieres, A., & Ivers, H. (2007). Dysfunctional Beliefs and Attitudes about Sleep (DBAS): Validation of a Brief Version (DBAS-16). *Sleep*, *30* (11), 1547–1554.

Soldatos, C. R., Dimitris, G. D., & Paparrigopoulos, T. J. (2003). The diagnostic validity of the Athens insomnia scale. *Journal of Psychosomatic Research*, *55*, 263–267.

Zigmond, A. S., & Snaith, R. P. (1983). The hospital anxiety and depression scale. *Acta Psychiatrica Scandinavica*, *67*, 361–370.

2.7 組前準備

填寫睡眠日記簡介會

組員在小組期間，每天需要填寫睡眠記錄。於小組前約一週，安排組員學習填寫睡眠日記的方法。

方法

以四個情況作説明，和組員逐一討論及填寫睡眠日記。

目的：

- 透過每天填寫睡眠日記，能增加對睡眠狀況的理解。

- 記錄在小組時訂立的實踐行動，了解對睡眠的影響及效果。

- 記錄資料，計算睡眠效率。

講解要點：

- 不用勉強和刻意計算，每天只需花數分鐘完成，更不用為記錄而在睡覺時刻意看時鐘。

- 講解四個不同的情況，與長者討論並説明填寫日記的重點。

- 以前一晚為例，請組員填寫自己的睡眠日記。

- 解答組員提問。

- 一些基本定義如下：

  Q1.上床時間是指晚上躺臥在床上的時間，即不一定是睡覺。例如長者可能睡前會躺在床上看電視，仍算是上床時間。

  Q2.睡覺時間是指正式關燈打算睡覺的時間。

  Q3.入睡時間是指正式睡著的時間。組員只需估計自己花了多少時間入睡而推算入睡時間便可以了。

填寫小貼士：

- 最後一次醒來而沒再睡的話，這一次不用計算在半夜醒來的次數中。

- 半夜醒來不多久便能再入睡的，可不用計算在半夜醒來的次數及時間中。

情況一

時間	活動
10 時	上床
10 時至 2 時	睡覺
2 時至 6 時	半睡半醒
6 時	下床

李太昨晚 10 時上床便倒頭大睡，凌晨 2 時起床後，迷迷糊糊半睡半醒到 6 時起床。

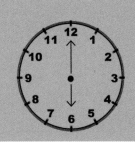

情況一睡眠日記答案	X 月 X 日 / 星期 晚
Q1. 上床時間？	10 時
Q2. 開始睡覺時間？	10 時
Q3. 入睡時間？	10 時
Q4. 半夜醒來的次數及時間？ 大概醒了多久？	0 次 0 小時
Q5. 今早最後一次醒來的時間？	6 時
Q6. 下床時間？	6 時
Q7. 你的睡眠質素如何？[6 分最優質]	1 2 3 4 5 6
Q8. 服用安眠藥？	□ 沒有吃藥　　□ 降低藥量 □ 服用正常劑量　□ 增加劑量
Q9. 服用幫助睡眠產品？	
Q10. 參與小組後的新嘗試：	□ 有　□ 沒有
情況一學習重點： • 半夜 2 時至 6 時期間屬半夢半醒，這情況仍算作 　入睡，因此半夜醒來次數是「0」次。 • 最後醒來時間是上午 6 時。	

情況二

時間	活動
11 時	上床
11 時至 3 時	睡覺
3 時至 7 時	床上眼光光
7 時	下床

志明 11 時上床便睡，凌晨 3 時醒來後，在床上輾轉反側一直不能睡，到 7 時便起床。

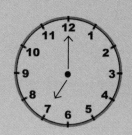

情況二睡眠日記答案	X 月 X 日 / 星期 晚
Q1. 上床時間？	11 時
Q2. 開始睡覺時間？	11 時
Q3. 入睡時間？	11 時
Q4. 半夜醒來的次數及時間？ 大概醒了多久？	次數？ 0 醒了多久？ 0 小時
Q5. 今早最後一次醒來的時間？	3 時
Q6. 下床時間？	7 時
Q7. 你的睡眠質素如何？ [6 分最優質]	1 2 3 4 5 6
Q8. 服用安眠藥？	☐ 沒有吃藥　　☐ 降低藥量 ☐ 服用正常劑量 ☐ 增加劑量
Q9. 服用幫助睡眠產品？	
Q10. 參與小組後的新嘗試：	☐ 有　☐ 沒有

情況二學習重點：
- 上床時間與入睡時間相同。
- 3 時後待在床上眼光光至 7 時起床，不算作半夜曾醒來，所以半夜醒來次數及時間均為 0。
- 最後一次醒來時間為 3 時。

情況三

時間	活動
10 時	上床
10 時至 12 時	床上看電視
12 時至 3 時	睡覺
3 時	上廁所
3 時至 4 時	睡覺
4 時	上廁所
4 時至 5 時	眼光光
5 時至 6 時	睡覺
6 時至 7 時半	床上醒著
7 時半	下床

美芬昨晚 10 時上床，在床上看了 2 小時電視，之後便睡覺。在凌晨 3 時起來去了一次洗手間後便睡著了，4 時起來再去一次後，到 5 時才再睡著，6 時後醒著在床上，7 時半便起床。

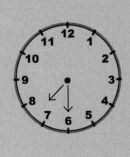

情況三睡眠日記答案	X 月 X 日 / 星期 晚
Q1. 上床時間？	10 時
Q2. 開始睡覺時間？	12 時
Q3. 入睡時間？	12 時
Q4. 半夜醒來的次數及時間？ 　　大概醒了多久？	1 次 1 小時
Q5. 今早最後一次醒來的時間？	6 時
Q6. 下床時間？	7 時 30 分
Q7. 你的睡眠質素如何？[6 分最優質]	1 2 3 4 5 6
Q8. 服用安眠藥？	☐ 沒有吃藥　　☐ 降低藥量 ☐ 服用正常劑量　☐ 增加劑量
Q9. 服用幫助睡眠產品？	
Q10. 參與小組後的新嘗試：	☐ 有　☐ 沒有

情況三學習重點：
- 上床時間與開始睡覺時間不同。
- 3 時第一次上廁所馬上能入睡的，不計算在半夜醒來的次數。
- 6 時最後一次醒來沒有再睡著的話，不計算在半夜醒來的次數。

情況四

時間	活動
9 時	上床
9 時至 10 時	床上看書
10 時至 1 時	輾轉反側
1 時至 3 時	睡覺
3 時	上廁所
3 時至 3 時半	看書
3 時半至 5 時	睡覺
5 時	上廁所
5 時至 7 時半	床上眼光光
7 時半	下床

黃伯昨晚 9 時上床，並在床上看書 1 小時才關燈睡覺，輾轉反側了 3 小時才睡著。在凌晨 3 時，黃伯起床去了一次洗手間後，又看了 30 分鐘書才睡著。於 5 時又起床去了洗手間後，回到床後就再不能入睡，到 7 時 30 分便起床吃早餐。

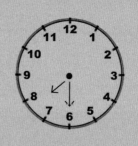

情況四睡眠日記答案	X 月 X 日 / 星期 晚
Q1. 上床時間？	9 時
Q2. 開始睡覺時間？	10 時
Q3. 入睡時間？	1 時
Q4. 半夜醒來的次數及時間？ 大概醒了多久？	次數？ 1 醒了多久？ 30 分鐘
Q5. 今早最後一次醒來的時間？	5 時
Q6. 下床時間？	7 時 30 分
Q7. 你的睡眠質素如何？[6 分最優質]	1 2 3 4 5 6
Q8. 服用安眠藥？	☐ 沒有吃藥　　☐ 降低藥量 ☐ 服用正常劑量 ☐ 增加劑量
Q9. 服用幫助睡眠產品？	
Q10. 參與小組後的新嘗試：	☐ 有　☐ 沒有

情況四學習重點：
- 上床、開始睡覺及入睡的時間的記錄方法。
- 5 時去洗手間後因沒入睡，不用計算在半夜睡醒次數內。

睡眠日記

	月 日 星期一晚	月 日 星期二晚	月 日 星期三晚	月 日 星期四晚	月 日 星期五晚	月 日 星期六晚	月 日 星期日晚
Q1. 上床時間？							
Q2. 開始睡覺時間？							
Q3. 入睡時間？							
Q4. 半夜醒來的次數及時間？大概醒了多久？	次數？＿＿ 醒了多久？＿＿	次數？＿＿ 醒了多久？＿＿	次數？＿＿ 醒了多久？＿＿	次數？＿＿ 醒了多久？＿＿	次數？＿＿ 醒了多久？＿＿	次數？＿＿ 醒了多久？＿＿	次數？＿＿ 醒了多久？＿＿
Q5. 今早最後一次醒來的時間？							
Q6. 起床時間？							
Q7. 你的睡眠質素如何？[6分最優質]	1 2 3 4 5 6	1 2 3 4 5 6	1 2 3 4 5 6	1 2 3 4 5 6	1 2 3 4 5 6	1 2 3 4 5 6	1 2 3 4 5 6
Q8. 服用安眠藥？	□ 沒有吃藥 □ 降低藥量 □ 服用正常劑量 □ 增加劑量	□ 沒有吃藥 □ 降低藥量 □ 服用正常劑量 □ 增加劑量	□ 沒有吃藥 □ 降低藥量 □ 服用正常劑量 □ 增加劑量	□ 沒有吃藥 □ 降低藥量 □ 服用正常劑量 □ 增加劑量	□ 沒有吃藥 □ 降低藥量 □ 服用正常劑量 □ 增加劑量	□ 沒有吃藥 □ 降低藥量 □ 服用正常劑量 □ 增加劑量	□ 沒有吃藥 □ 降低藥量 □ 服用正常劑量 □ 增加劑量
Q9. 服用幫助睡眠產品？							
Q10. 參與小組後的新嘗試：	□ 有 □ 沒有	□ 有 □ 沒有	□ 有 □ 沒有	□ 有 □ 沒有	□ 有 □ 沒有	□ 有 □ 沒有	□ 有 □ 沒有

以下項目由工作人員填寫：

	月 日 星期一晚	月 日 星期二晚	月 日 星期三晚	月 日 星期四晚	月 日 星期五晚	月 日 星期六晚	月 日 星期日晚
Q11. 昨晚實際躺在床上多少時間？(Q6-Q1)	小時	小時	小時	小時	小時	小時	小時
Q12. 昨晚大概睡了幾多個小時？(Q5-Q4-Q3)	小時	小時	小時	小時	小時	小時	小時

心靜回尋

參加者姓名：＿＿＿＿＿＿＿＿

每週睡眠摘要

	小組前	第一週	第二週	第三週	第四週	第五週	第六週	第七週
1. 你這一星期的睡眠模式								
1.1 睡得安穩的天數（主觀感覺）	天	天	天	天	天	天	天	天
1.2 核心睡眠（每晚平均有 5.5 小時）[Q12]	天	天	天	天	天	天	天	天
1.3 失眠的天數（每晚少於 5.5 小時）[Q12]	天	天	天	天	天	天	天	天
2. 追蹤你的睡眠效率								
2.1 你的平均睡眠時間 [每晚][Q12÷7]	約 小時	約 小時	約 小時	約 小時	約 小時	約 小時	約 小時	約 小時
2.2 你的平均在床上時間 [每晚][Q11÷7]	約 小時	約 小時	約 小時	約 小時	約 小時	約 小時	約 小時	約 小時
2.3 你的平均睡眠效率 [2.1÷2.2 x 100%] [平均睡眠時間／平均床上時間 x 100%]								
3. 追蹤你的睡眠質素 [Q7 的平均數] [劣質 1 2 3 4 5 6 優質]	分	分	分	分	分	分	分	分
4. 你這一星期服用藥物的情況 [按 Q8 計算]								
4.1 沒有吃藥的天數	天	天	天	天	天	天	天	天
4.2 增加藥量的天數	天	天	天	天	天	天	天	天
4.3 服用正常劑量的天數	天	天	天	天	天	天	天	天
4.4 降低藥量的天數	天	天	天	天	天	天	天	天
備註								

2.8　每節小組內容

第一節

目標：

1. 促進組員互相認識。

2. 訂立小組規範。

3. 策動組員探索自己失眠背後原因。

4. 認識「尋回清靜心」小組的概念。

時間	內容	參考資料 / 活動物資
15 分鐘	**開組前準備** • 收集「睡眠日記」，與組員傾談過去一星期的睡眠及生活狀況。 • 請組員將手提電話轉為靜音、放下手上物品。 • 派發組員手冊。	• 組員手冊 • 名牌、粗筆
5 分鐘	**歡迎** • 歡迎組員參加「尋回清靜心」小組。 • 工作員自我介紹。 • 建立小組規範： 　1. 鼓勵組員每節提早 15 分鐘回來，分享過去一星期的睡眠情況； 　2. 須保密小組內容； 　3. 互相尊重及聆聽。	
20 分鐘	**組員互相認識** • 工作員介紹失眠常見的三種模式：（1）難入睡、（2）半夜醒來、（3）過早醒來。 • 邀請組員從三款紙咭中選出自己較常出現的失眠模式（可選多於一項）。 • 組員輪流分享，先介紹自己的稱呼，再簡單分享：（1）失眠多久、（2）失眠模式。	• 失眠模式紙咭

30 分鐘	**分組分享** • 組員自由分成兩組，討論以下兩條問題： 　1. 失眠為你帶來甚麼煩擾？ 　2. 你覺得有甚麼影響著你的睡眠？ • 攝要組員的分享內容，寫在「尋回清靜心」小組概念大紙上，以便短講時引用。	• 「尋回清靜心」小組概念（參考 P.48） • 粗筆
15 分鐘	**小休**	• 茶點
25 分鐘	**短講** • 介紹「尋回清靜心」小組概念。	• 簡報及電腦
5 分鐘	**調整組員對小組的期望** • 分享過往組員進展較快的經驗： 　1. 不強求失眠情況馬上得到改善； 　2. 樂於分享及聆聽； 　3. 把小組所學持之以恆地在生活中實踐； 　4. 鼓勵組員作出改變，由適合自己的小改變開始。	
20 分鐘	**實踐練習** • 派發及填寫： 　1. 下週「睡眠日記」； 　2. 「生活狀況檢視表」； 　3. 「尋回清靜心」小組概念。	• 工作紙：下週「睡眠日記」（參考 P.43）、「生活狀況檢視表」（參考 P.51）、「尋回清靜心」小組概念（參考 P.48）

帶領要點

開組前準備

• 工作員宜預留時間，與組員個別傾談，解答組員對填寫「睡眠日記」的疑問，及在輕鬆的氣氛下了解組員過去一週的睡眠情況。工作員的關心和慰問，有助增強組員對小組的歸屬感。

• 若留意到組員有值得分享的經驗、進展或提問，工作員可預先邀請，讓組員有心理準備，稍後會在合適的環節內作出分享；工作員可一併總結經驗、解答或請其他組員回應，以促進小組的互動過程。

組員互相認識

- 工作員透過總結分享內容，帶出組員之間失眠情況的異同，促進大家的連繫，也可為分組作準備。

- 鼓勵組員抱持開放的心，聆聽其他組員的情況，如：

  ➤ 就失眠的求醫情況；

  ➤ 對服用安眠藥的看法或經驗；

  ➤ 不同失眠模式的處理方法；

  ➤ 半夜醒來的原因；

  ➤ 難以入睡時的應對方法。

分組分享

- 問題（1）「失眠為你帶來甚麼煩擾？」較容易分享及讓組員產生共鳴，有助建立良好的互動氣氛。問題（2）「你覺得有甚麼影響著你的睡眠？」是本節的核心問題，引起組員查找自己失眠原因的好奇心，並針對根源為自己提出解決良方，故工作員需留意時間分配，確保有足夠時間讓組員分享。

- 工作員的角色是引導者，宜保持好奇和開放的心，透過提問讓組員對自己的失眠情況及原因有初步的思考及了解。相關問題如：

  ➤ 何時開始失眠？

  ➤ 當時出現的突發事件？

  ➤ 失眠時腦海常會浮現的畫面或常想起的事情？

  ➤ 失眠時的情緒？

- 工作員需對組員的背景及失眠狀況有基本掌握，並作初步分析，以促進討論。

- 抱持開放聆聽的態度，不用急於判斷組員失眠的原因，只需提供接納及安全的環境，讓組員能自在地分享心事或內心想法。

短講

- 短講時間勿超過三十分鐘

由於失眠長者在日間的精神狀態及集中力會較弱，所以短講環節不能超過三十分鐘，內容需簡潔易明，多引用生活例子或比喻，時有互動提問，讓長者較易掌握相關知識。經驗中，我們曾經因為短講內容過於冗長及艱深，令組員未能掌握要點。結果，工作員還需額外在「分組分享」時，用上更多時間補充，令組員討論時間大為減少。

- 「尋回清靜心」小組概念

小組的概念圖，主要是以深入淺出方式，清楚向組員表達需主動了解自己失眠的原因，並聆聽失眠背後的訊息，以致組員能為自己設計合適的改善或回應方法。參考 Spielman, Caruso, & Glovinsky，組員可循失眠的三大因素，包括預先傾向（Predisposing factors）、引發因素（Precipitating factors）和維持因素（Perpetuating factors）去檢視自己可能引致失眠的成因。除此之外，把失眠比喻為身體發出訊息，提醒組員需要聆聽及關注失眠背後帶出的訊息，即一些內心需要或關注的事情。最後，組員若能明瞭失眠對個人的意義，便可以為自己訂立合適的改善方法。這是小組的第四個元素——對應方法（Possibility）。

「尋回清靜心」小組概念

尋回清靜心

小組工作實踐經驗

- 相信組員自由分組的效果

  組員會因應分享自由內容選擇合適的組員分組。例如,曾有一小組,分組時發現同組全都是護老者,原來照顧者的壓力是引致失眠的原因,引起大家互相共鳴,彼此感到被認同和接納,這有助建立小組氣氛。

- 充份運用組前評估資料及持續評估

  細心整理組前評估資料,有助了解組員間的共通性和個別性。隨著小組發展,更需要不斷評估,這有助掌握組員的進展,並給予適切的互動和回應。

- 策動組員對找尋失眠原因的好奇心

  處理失眠不要只著眼於紓緩失眠徵狀,而忽略了各種心理因素。長者有豐富的人生經歷,亦較易積壓耿耿於懷的事情,不知不覺間形成心結,並將伴隨的情緒帶到睡眠中。這小組的重點是提供一個空間和平台,讓組員可回到當下,關注及檢視一些難以言喻的事情或想法,探索引致失眠的真正原因,回應內心需要,尋回清靜的心境讓自己安睡。

  例子:曾有一位組員在組前評估時表示不知道自己為何失眠,在第一節「分組分享」環節,不經意勾起他過去一次突然暈倒的經驗,他更分享到這經驗令他頓時停止了很多喜歡的活動。工作員藉此策動他的好奇心,鼓勵他循這件事及後來種種的轉變所帶來的影響,從而明白自己失眠的原因。這次分享,的確對他日後明白自己的內心需要和相關回應,有很大的幫助和啟發。

- 熟知常見長者失眠的原因

  累積多次小組的經驗,能令工作員對長者們可能引致失眠的原因有更多的掌握。常見引致長者失眠的原因包括:喪偶、夫妻 / 親子關係問題、身邊好友離世後觸發對死亡的思考、牽掛子孫生活、檢視自己的人生經歷等。工作員可就這些主題多作準備,有助帶領小組。

- 重視功課回顧

  有一位組員在第二節提早回來,雀躍地分享她從「睡眠日記」中的發現,

就是每逢看大戲的晚上，會不自覺地提早了飲湯水的時間，令其不會半夜多次醒來如廁。及後她嘗試將每天飲湯水的時間提早，發現半夜醒來的次數亦隨之減少。工作員特意邀請她在「功課回顧」的環節中分享這個體會，讓個人經驗成為小組的成功經歷，促進組員多從「睡眠日記」中覺察生活習慣如何影響睡眠。

生活狀況檢視表

靜下來想一想，我是否有以下的情況，如有，請在方格內填上✓號：

失眠　　　　　對失眠的反應
　　　　　　　（維持因素）

1. 生活方式
- 日間活動量不足 ☐
- 缺乏運動 ☐
- 缺少外出曬太陽 ☐

2. 飲食 / 藥物
- 下午飲咖啡、濃茶、奶茶、吸煙 ☐
- 睡前吃得太飽 / 太餓 / 太多湯水 / 難於消化的食物 ☐
- 服食安眠藥 ☐

3. 破壞睡眠規律的行為
- 提早上床 ☐
- 賴床 ☐
- 日間補眠 ☐
- 在床上進行活動（看書、打機、看電視或手機、聽收音機等）☐

4. 睡眠環境干擾
- 聲音、光線、溫度、同住家人引致的影響等 ☐

5. 對睡眠的看法
- 擔心當晚會否失眠 ☐
- 擔心失眠的影響 ☐
- 擔心失眠可能是因為隱藏的健康問題 ☐

6. 失眠的意外收穫
- 利用失眠時間思考日間未能解決的事情 ☐
- 失眠時可以補做日間未有時間做的事情 ☐
- 因失眠而得到家人特別的關心 ☐

第二節

目標:

1. 提升組員的睡眠知識。

2. 重建助眠的生活方式。

時間	內容	參考資料 / 活動物資
15 分鐘	**開組前準備** • 收集「睡眠日記」，與組員傾談過去一星期的睡眠及生活狀況。 • 請組員將手提電話轉為靜音、放下手上物品。	• 名牌
15 分鐘	**實踐練習回顧** • 請組員分享過去一週就自己失眠原因的發現。 • 如組員有一些睡眠特別好或差的日子，請組員回顧當天可有特別的事情發生，促進組員對日間事情與睡眠狀態關係的了解。	
20 分鐘	**短講一：認識睡眠的基本知識** • 讓組員了解睡眠形態及年齡對睡眠的影響。 • 工作員需因應個別組員對睡眠的誤解，加以澄清。 • 配合互動討論，並引用組員的經驗作解說。	• 短講一筆記 • 睡眠週期圖（參考 P.3） • 簡報及電腦
10 分鐘	**小休**	• 茶點
20 分鐘	**大組分享** • 邀請 2 至 3 位組員從「生活狀況檢視表」工作紙中選取一項生活習慣作分享，討論對睡眠的影響。	•「生活狀況檢視表」工作紙（參考 P.51）
20 分鐘	**短講二：影響睡眠的生活方式** • 讓組員了解日間的身心狀態、飲食及睡覺環境對睡眠的影響。 • 透過互動討論，讓組員思考具體的改善方法。 • 按組員的情況，澄清當中的誤解。	• 短講二筆記 • 簡報及電腦
20 分鐘	**分組分享** • 組員自由分成兩組，探討影響睡眠的生活方式和習慣。 • 在下週「睡眠日記」的行動欄內，寫下一項具體可行的改善行動，嘗試在未來一週實踐。	• 下週「睡眠日記」 • 原子筆
15 分鐘	**實踐練習** • 填寫下週「睡眠日記」 • 鼓勵組員持之以恆地實踐所訂立的行動，留意及觀察相關影響，並按需要調整。	

帶領要點

實踐練習回顧

- 小組著重組員把小組所學應用於日常生活中，因此每一節完結前，組員都需為自己訂立實踐練習，並於下一節開始時設有實踐練習回顧，以跟進組員的進展。

- 工作員透過帶領實踐練習回顧，便能促進小組互動，加強分享的效果。按小組內容及不同階段，有不同的重點：

小組初期 （第 2 至 3 節）	• 營造組員主動探索自己睡眠狀況的氣氛為主，邀請願意分享或較正面的組員先作分享。 • 小組初期著重組員調整適合自己的助眠行動，工作員可多邀請持續實踐並有顯著改善的組員先作分享，以增強小組動力及組員的實踐動機。
小組初至中期 （第 4 至 5 節）	• 組員分享內容漸豐富，可視乎時間，不用勉強所有組員都分享。 • 組員進展差異漸見明顯，需多加關注尚未開始實踐行動或進展緩慢的組員，宜細心聆聽當中的阻力及難處，透過小組的支持，鼓勵組員面對，但需留意不用催逼組員馬上改變。
小組中至後期 （第 6 至 8 節）	• 小組的信任度增強，分享內容更深入，工作員或需平衡個別組員分享過長或超時的情況。 • 這階段組員分享的內容將更個人化，工作員不宜過份專注於個別組員的分享細節，宜將重點放在令組員產生轉變的關鍵，讓組員明白這些關鍵對睡眠的影響。 • 工作員以鞏固組員所學及實踐的經驗為主。

分組分享

- 提醒組員每人的改善方法不同，重要的是知道引致失眠的主因，才能夠對症下藥。

- 於小組初期調整組員的期望，即使有實踐行動也不要要求立即見效。

- 鼓勵組員在日常生活中持續實踐所學，觀察效果，有需要時再調整方法，並邀請組員於下節小組分享經驗。

小組工作實踐經驗

- 短講內容可引用組員的經驗加以說明

  在組前面談時，一位組員表示一定要有八小時熟睡才算有睡覺，因此工作員特意在講解「深層睡眠」部份加以說明，並邀請該位組員分享自己的經驗。當她明白睡眠起伏循環的形態後，知道自己每晚均有核心睡眠，身體已透過休息進行修復，便不用強逼自己睡覺，對因自覺未能熟睡引致身體出現毛病的擔心和焦慮也大為減低。

- 透過填寫睡眠日記，組員發現引致失眠的原因

  1. 曾有組員分享若當天有較多活動，當晚便能更易入睡，但亦有組員分享晚上出席同鄉會活動後難以入睡，因此需提醒組員留意晚上的活動會否過於刺激，例如談論過多會容易令思想活躍，需要較長時間讓心情平靜下來。

  2. 一位組員分享每晚均會吃蕃薯，容易過飽及產生胃氣，令睡眠質素較差，當戒掉此習慣後睡眠有所改善。

  3. 有組員分享晚上與朋友於電話裏討論一些家事後，會較難入睡，其後她決定睡前不談電話，留待日間才討論，發現這有助自己尋回清靜的心境。

  4. 一位組員分享冬天時常因被丈夫拉走被子而弄醒，其他組員建議夫婦各自蓋一張被子，減少干擾。

  5. 對於長期處於淺睡階段的人，會較易被枕邊人的鼻鼾聲、公屋的鐵閘聲、時鐘聲或房間光線等吵醒。

第三節

目標：

1. 培養助眠行為。

2. 建立睡眠的規律。

時間	內容	參考資料 / 活動物資
15 分鐘	**小組開始前** • 收集及跟進組員「睡眠日記」的情況。 • 了解組員上週行動實踐的情況和效果。 • 了解組員對睡眠情況的覺察。	• 名牌
5 分鐘	**熱身** • 工作員帶領一些簡單的放鬆運動，預備組員進入今節活動。	
25 分鐘	**實踐練習回顧** • 邀請組員分享： 　1. 上週實踐行動的效果及經驗； 　2. 影響睡眠的覺察。	
20 分鐘	**短講一：助眠行為的原則** • 認識睡眠的重要概念。 • 認識阻礙睡眠的生活習慣如何影響睡眠質素。 • 有助睡眠的行為包括三大原則： 　1. 調整自己的生理時鐘，建立有規律的睡眠系統； 　2. 保持日間較長的睡前清醒時間； 　3. 加強床與睡眠的聯繫，讓身體建立兩者的條件反射關係。	• 簡報及電腦
10 分鐘	**小休**	• 茶點
20 分鐘	**短講二：建立睡眠規律** • 介紹睡眠規劃。 • 解釋睡眠效率的計算方法及意義。 • 向每位組員派發「每週睡眠摘要」（由工作員計算已完成小組前至第二週的記錄），並作解說。	• 簡報及電腦

25 分鐘	**分組練習** • 工作員按組員的失眠模式及互動情況分兩組。 • 與組員共同規劃睡眠時間，並討論無法入睡或半夜醒來時的處理方法。 • 訂立今週的改善行動（可以是繼續或深化上一節所訂立的行動，或運用今節所學的內容）。	• 睡眠時間規劃工作紙（參考 P.57）
10 分鐘	**大組分享** • 邀請組員具體分享所訂立的行動。	
5 分鐘	**實踐練習** • 填寫下週「睡眠日記」。 • 鼓勵組員持之以恆地實踐所訂立的行動，並留意及觀察相關影響。	• 下週「睡眠日記」

小組工作實踐經驗

• 注意理論與實踐的平衡

長者普遍較難理解建立睡眠規律的理論，建議短講扼要說明，並藉練習加以解釋，有助組員掌握箇中概念。組員可能會對短講內容抱有懷疑，或不容易改變自己的生活習慣，工作員需保持耐性，鼓勵他們嘗試作出改變。

本節主要就睡眠習慣提供原則和大方向，但如何改變則需按組員的情況調整。工作員宜與組員共同商討具體方法，或邀請其他組員提供修改建議，令組員可找到一些微小或可行的轉變。

例子：曾有組員推算上床時間需延後兩個多小時至晚上 12 時，她隔週回來分享，當把睡眠時間延後，反而更加難以入睡。及後工作員鼓勵她盡量延後至可接受的時間才上床睡覺，她後來表示有幫助。因此，如果個別組員起初睡眠效率過低，推算的上床時間比原先差距很多小時，便需按個人的狀態，考慮以循序漸進方式進行，避免身體難以適應而影響效果和信心。

• 強化小組的成功經驗

多分享過往組員的成功經驗，甚至邀請前組員出席小組，分享經驗，有助加強小組內容的說服力。

睡眠時間規劃工作紙

入睡性失眠（難入睡）　　　原則：遲些上床，縮減晚上醒臥在床時間

早醒性失眠（早醒）　　　　原則：提早起床，縮減早醒臥在床上時間

睡眠維持困難（半夜醒來）　　原則：實踐睡眠限制療法，縮減半夜醒臥在床
　　　　　　　　　　　　　　　　　　　上時間

第一步	→ 現時平均睡眠時間　：_____ _a_ _____ 小時

第二步 → 可待在床上時間　　：_____ _a_ _____ ＋1＝_____ 小時

第三步 → 現在通常醒來時間　：_____ 時

　　　　→ 計劃起床時間　　　：_____ 時

第四步 → 推算上床時間　　　：_____ 時

睡不著下床後，我會：_____

其他配合方法：

□ 曬太陽　　　□ 做運動　　　□ 睡前放鬆　　　□ 其他：_____

（＊ 如針對早醒人士，鼓勵於傍晚仍有陽光的時段曬太陽或做運動）

備註：
1）平均睡眠時間（a）由每週睡眠摘要（參考 P.44）第 2.1 項計算出來。
2）「可待在床上時間」計算方法是除了睡覺時間，仍讓長者可待在床上多 1 小時的彈性。
雖然睡眠限制法沒有這 1 小時的寬限，然而在小組實踐經驗中，這對長者來說較容易
理解和接受。
3）例子：從每週睡眠摘要計算出來，平均睡眠時間是 6 小時，可待在床上的時間便是
6＋1＝7 小時。如果想計劃 7 時起床，那麼推算上床入睡的時間便是凌晨 12 時。如果
睡眠效率仍低於 80%，便需要再縮短待在床上的時間。當睡眠效率能於兩週內維持在
85% 或以上，便可每週增加 15 分鐘待在床上時間，以提升睡眠時間和品質。
4）建立睡眠規劃的一些重要原則：
　　i）如沒有睡意，不要賴在床上。
　　ii）待在床上的總時間不能少於 5 小時。

第四節

目標：

1. 認識不利於睡眠的想法和態度。

2. 覺察自己對失眠的負面想法，並嘗試轉換較合適的對應想法（coping thought）。

時間	內容	參考資料 / 活動物資
15 分鐘	**小組開始前** • 收集及跟進組員「睡眠日記」的情況。 • 了解組員有關實踐行動的情況及效果。 • 評估組員對首三節內容的理解及疑問。	• 名牌
25 分鐘	**實踐練習回顧** • 分享上週實踐行動及睡眠規劃的經驗。	
5 分鐘	**睡眠想法** • 向每位組員派發一張「睡眠想法清單」工作紙。 • 組員在自己曾出現的想法旁加「✓」。 • 組員可自行填寫其他影響自己睡眠的想法 / 心事。	• 「睡眠想法清單」工作紙（參考 P.60）
30 分鐘	**短講** • 講解事件、想法、行為反應與情緒之間的關係。 • 以「塞車」為例子作簡單說明：用不同的想法 / 態度應對同一事件，會作出不同的反應，並產生不同的情緒。 • 統計組員的「睡眠想法清單」，從中選取一句詳加說明，與組員一起構思較合適的對應想法。 • 需要關注日間生活事件的想法對睡眠的影響。 • 拍下白板上的記錄，列印作今堂筆記。	• 「塞車」字句紙（參考 P.61） • 白板、白板筆 • 磁石 • 「睡眠想法清單」工作紙
10 分鐘	**小休**	• 茶點
30 分鐘	**分組分享** • 與組員深入探討自己對睡眠或生活事件的想法。 • 選取一個較常影響自己的想法，嘗試作出調整，記錄合適的對應想法。	• 分組分享 • 「睡眠想法清單」工作紙

10 分鐘	**大組分享** • 請每位組員説出自己的對應想法。 • 鼓勵組員多留意想法如何影響自己的情緒及睡眠狀況。 • 以簡單放鬆練習作結束。	
10 分鐘	**實踐練習** • 填寫下週「睡眠日記」。 • 鼓勵組員應用所學，調整適合自己的對應想法。 • 鼓勵組員繼續實踐之前所訂立的行動。 **下週小組安排** • 派發「日營備忘紙」。	• 下週「睡眠日記」 • 「日營備忘紙」

帶領要點

短講

• 工作員切忌選取全部組員都會出現的睡眠想法作講解，因為即使解釋了，組員們較難一下子作出認同。反之，選取一句組內持不同意見的想法作講解，能刺激組員間分享各自的想法，促進互動之餘，會更具說服力。

分組分享

• 按組員在首三節的睡眠及互動情況，預先安排分組名單。

• 盡量引用組員曾提及過的事件，引導他們思考背後的想法、心事或牽掛如何影響睡眠。

• 多留心組員常會提出的對應想法：「唔好諗咁多」。工作員宜作適度的質詢，引導組員再次思考這對應想法能否持久有效，或是在實際處境中，雖然叫自己「唔好諗咁多」，但卻仍會牽掛和繼續困擾自己，以致影響情緒。結果，越是叫自己不去想，越是會想起。工作員鼓勵組員嘗試調校不同的角度，去思考所困擾的事情，特別是對離世親人的牽掛、死亡的憂慮、內心的糾結等，讓組員有機會了解如何想這件事才會讓自己好過一點，不要輕易以「唔好諗咁多」而放棄思考其他可能性。

小組工作實踐經驗

• 減少組員對自己的負面評價

   避免強調「正」、「負」面想法,令組員認為抱有這些想法是自己的問題。工作員可以引導:「當我們睡得不好,一些思緒、念頭容易走出來,這些念頭會影響我們的情緒及行為,進而影響我們的睡眠。」這樣較易讓組員接受和理解,促進分享。

• 引導組員捕捉想法

   長者有時很難説出自己的想法,可引導組員多覺察難入睡或半夜醒來無法入睡時,常會浮現的思緒或畫面,以提供一個方向讓他們捕捉自己的想法。

「睡眠想法清單」工作紙

當你「睡前」、「半夜醒來」、「過早醒來」或「日間」的時候,
你的心裏有什麼關於睡眠的想法/念頭?這些想法/念頭令你有什麼感覺?
你有以下的想法/念頭嗎?

	想法/念頭	有否出現	嘗試想一個適合自己的對應想法/念頭?
1	我 定要睡足 0 個小時。		
2	如果我睡不足,便一定要日間小睡,或第二天晚上睡得更長。		
3	失眠會讓我身體出問題。		
4	我擔心無法控制自己的睡眠狀況是好或是不好。		
5	昨天睡得那麼差,我今天日間的精神狀況便會差!		
6	不吃安眠藥,我就睡不著。		
7	為什麼其他人都睡得那麼好,就是我不好?		
8	唉!我又醒了。為什麼我不能一覺睡到天亮?		
9	今晚肯定又要失眠了。		
10	我應該躺在床上,努力地令自己睡覺。		
其他影響你睡眠的想法/心事?			

「塞車」字句紙

想法

唉！點解我咁黑仔！我實趕唔切喇！	塞車好常見	而家都一路慢慢向前行	可能遲十分鐘就到

心情

煩躁	少少或無煩躁	情緒沒有太大波動

行為

不停望錶	發脾氣鬧人	致電通知家人，順道閒聊數句

第五節（日營）

目標：

1. 學習覺察身體的需要。

2. 學習聆聽失眠背後的訊息。

3. 回應失眠背後的訊息。

時間	內容	參考資料 / 活動物資
15 分鐘	**小組開始前** • 跟進組員睡眠日記。 • 提醒組員將手提電話轉為靜音、放下手上物品，靜心享受是節活動。 • 簡介場地需知及設施位置。	• 名牌
10 分鐘	**簡介本節活動目的** • 透過不同的體驗練習，覺察自己的身體狀況、內心情緒、聆聽失眠背後的訊息。 • 嘗試找出適合自己的回應或對應方法。 **鼓勵組員以開放的心體驗本節活動** • 放開習以為常的思考模式。 • 多用五官感覺身體，情緒及思緒，讓自己有新的覺察。 • 先參與體驗，如有需要，可於每項活動完結前，讓組員提問或表達感受。	• 簡介活動目的
30 分鐘	**放鬆體驗練習** • 按天氣情況，可與組員於室內或戶外大自然進行放鬆體驗及專注慢步。 **大組分享** • 組員分享對放鬆體驗的感覺。 • 工作員可就此活動作解說：日間身心狀態與晚間睡眠息息相關。	• 磬 • 純音樂
15 分鐘	**小休** • 準備「個人探索」場地設置。	• 茶點

尋回清靜心

062

50 分鐘	**個人探索** 1. 熱身活動——集體輕鬆塗鴉（20 分鐘） 　• 讓組員在輕鬆的氣氛下接觸不同顏料，隨意塗鴉，為主題活動作熱身。 2. 主題活動——「我的曼陀羅」（30 分鐘） 　• 讓組員聆聽失眠背後的訊息。 　• 請組員自行選取一張大畫紙，並在畫紙中間畫上一個大圓圈。 　• 工作員引導組員嘗試在圈內以線條、顏色、畫面等，呈現對失眠的感覺或相關聯想。	• 集體輕鬆塗鴉 • 「我的曼陀羅」 • 輕快純音樂（熱身活動） • 柔和音樂（主題活動） • 不同顏色的大畫紙 • 油粉彩、乾粉彩 • 蠟塊 • 手指畫顏料 • 海綿印 • 不同大小的畫掃 • 畫碟、水及膠杯 • 膠枱布 • 濕紙巾
15 分鐘	**小休**	• 茶點
50 分鐘	**分組分享 I**（35 分鐘） • 請組員把曼陀羅放在地上，互相觀看。 • 工作員與組員共同探索失眠背後的訊息。 • 分享重點可包括： 　➤ 繪畫曼陀羅過程中的感覺、情緒變化； 　➤ 繪畫時腦海中所浮現的畫面、景象； 　➤ 曼陀羅背後帶出的訊息、內心關注的事情和想法等。 **大組分享**（15 分鐘） • 邀請 2 至 3 位組員簡短分享對上午環節的感受及發現。	• 由工作員分組
70 分鐘	**午膳——專注慢食體驗**（15 分鐘） • 慢食時專注當下，增加組員對自己的覺察。 • 進食前，工作員先進行慢食引導。 • 午膳首 15 分鐘，組員需保持安靜；15 分鐘後，工作員敲磬作結束，組員可自由傾談。	• 專注慢食體驗 • 磬 • 午膳食物
10 分鐘	**慢食解說** • 組員分享在慢食過程中的發現和覺察，及與平時生活有何相似或不同。 • 解說重點：在匆忙的生活中，常不為意自己正在吃甚麼，透過慢食讓生活稍有停頓，讓食物與身體連結，專注此時此刻，回歸當下。	

30 分鐘	**大休息** • 請組員脫掉鞋子及安躺在墊上，如有需要可以軟物墊著頭部。 • 鼓勵組員意識身體每一刻的狀態和感覺，體驗身體放鬆的狀態，感覺休息；如果身體疲累，自然進入睡覺，也是可以的。	• 大休息讀白 • 純音樂 • 瑜伽墊 • 組員自備大毛巾 / 風褸
60 分鐘	**分組分享 II** • 繼續上午的分組，進深探索組員失眠背後的訊息。 • 早上尚未分享的組員可優先分享。	• 分組分享 II
15 分鐘	**小休**	• 茶點
30 分鐘	**「我的曼陀羅」前瞻** • 保持分組，請組員按自己對失眠背後訊息的發現作出回應。 • 於「尋回清靜心」小組概念圖工作紙的「回應 / 對應方法」部份寫下具體做法。 • 鼓勵組員訂立具體、可行的對應方法，嘗試在未來一週中實踐。 • 組員可把過去四節曾訂立的行動寫下來。	• 「尋回清靜心」小組概念圖（參考 P.48）製作成工作紙 • 原子筆
30 分鐘	**總結** A. **大組分享**（25 分鐘） • 請組員分享對整天活動的體會、感受及發現。 • 回應組員對整天活動的疑問。 B. **結束儀式**（ending ritual）（5 分鐘） • 邀請組員站立，重溫上午的呼吸練習，沉澱是節體驗。 • 請組員手牽手，向旁邊的組員說一句祝福說話。 • 可按小組狀況自行設計。	
5 分鐘	**實踐練習** • 填寫下週「睡眠日記」。 • 鼓勵組員繼續實踐所訂立的行動。 **報告** • 下節小組安排。	• 下週「睡眠日記」

尋回清靜心

帶領要點

簡介本節活動目的

- 本節主要是讓組員離開習以為常的生活空間和方式，透過走進大自然的寧靜環境以及不同的體驗，讓組員為自己開創一個與內在對話的空間。引導組員多覺察自己的不同狀態，為自己尋找助眠的良方。

- 運用比喻，讓組員較容易理解「聆聽失眠背後訊息」的意思，例如：

  ➤ 將失眠比喻為喉嚨痛，同一種身體徵狀可有不同的起因，如心火盛、燥熱、說話太多、肝火上升甚或感冒前奏等，故此我們需要了解背後的原因，才能對症下藥。

  ➤ 失眠好像電話鈴聲響起，邀請大家接聽，如果不接聽（回應）時，電話鈴聲會持續響起；如果願意接聽（回應）時，鈴聲便會自然停下來。

放鬆體驗練習

- 提醒組員保持深呼吸，留意身體狀況的變化，如肌肉繃緊、疼痛、疲累等反應，並按自己的步伐完成動作，不需與別人比較及勉強自己。

- 工作員需掌握放鬆練習的技巧，可參考坊間不同的資料，如：基督教香港信義會《痛症管理：長者服務應用手冊》（第 43、78、87、93、100 及 106 頁），依組員不同的需要加以調整內容。

- 進行專注慢步時，請組員留意所踏出的每一步，由提腳、伸前、落地和兩腳轉換等動作的細微變化，感覺身體移動的狀態，最後邀請組員站定，感受身體向不同方向傾斜、繞圈和停定時的感覺。

集體輕鬆塗鴉

- 播放輕快音樂，營造輕鬆愉悅的氣氛。讓組員想像如孩童般塗鴉，不需繪畫固定圖案，亦不用評價美醜，只需享受從不同顏色和顏料帶來的感覺，並感受此時此刻的身心狀態。

- 工作員可因應組員對顏料的掌握程度，由淺入深作出嘗試。

- 鼓勵組員以不同的方法塗鴉，例如選取一種平時很少選用的顏色、感受自己所畫的部份被別人塗鴉的感覺等。

「我的曼陀羅」

- 播放柔和音樂，工作員可參考以下內容進行引導：

   當失眠打電話來，而你聆聽失眠這通電話時，它想告訴你甚麼？又或者當晚上無法入睡時，腦海會出現甚麼圖像、人物、事件或心情？大家只需用深或淺的顏色、大或小的力度、粗或幼的線條，又或是經常出現的夢境，去表達對失眠的感覺或聯想便可，過程中多留意自己此刻的感覺和身體反應⋯⋯

- 過程中觀察組員的狀態，有需要時作出適當介入，促進組員對自己的覺察。

分組分享I

- 工作員的態度：

   ➤ 保持開放及好奇心，引導組員從曼陀羅中探索自己失眠背後的內心需要。

   ➤ 不宜急於跳進解決辦法，讓組員有充份時間沉澱，透過小組互動，更明白自己的想法、困擾及各種情緒等。

專注慢食體驗

- 工作員可參考以下內容進行引導：

   看似習以為常的吃飯，但每人的習慣和方式也不一樣，今天我們嘗試以慢食來體驗接下來的午餐。食物由陽光、土地、空氣、和不同人的努力匯聚而成，請大家嘗試選取其中一樣食物，延長咀嚼的時間及次數，仔細品嚐每一下味道和質感的變化，運用五官去感受和體驗食物：用眼睛觀察食物、周遭環境；用鼻去嗅不同的味道；慢慢咀嚼，感覺食物在口裏的感覺；用舌頭不同部份去感受味道和質感。

大休息

- 大休息的目的是讓組員能體驗到身心放鬆、心境清靜的狀態，為「好眠」創造有利的條件，同時鼓勵組員將是次經驗應用在日常生活中。

- 大休息讀白可參考基督教香港信義會《痛症管理：長者服務應用手冊》第93頁，並按組員不同的狀況加以調整內容。

分組分享 II

- 工作員可評估組員的狀態，請一至兩位組員作深入分享，從曼陀羅中探索更深層的感受。

- 過程中注意組員間的互動，避免變成小組中的個人輔導。例如即使面對不同的事情，但組員可能會有相似的心情，可邀請組員分享感受或經驗，發揮小組動力。

小組工作實踐經驗

- 集體輕鬆塗鴉的啟示

  組員分享自己所畫的部份雖然被別人蓋過了，卻變成其他圖案，另有一番味道，這啟發他們能坦然面對生活中無法預計的事。此外，不少長者對寫字、畫圖感到陌生，宜多選用非筆類的塗鴉工具，如蠟塊、大油掃、海綿或運用手指印畫，這些方法有助組員減低對繪畫「我的曼陀羅」的恐懼感。

- 捕捉難以言喻的感覺，覺察失眠背後的訊息

  一位組員一直不明白自己為何失眠，在畫畫的時候，一份毫無頭緒的感覺浮現，於是她拿起一枝黑色粉彩不斷在打圈，期間感受自己一份憂心和牽掛的情緒。當分組分享時，工作員引導她思考這份心情是否與誰相關，她娓娓道來老伴最近身體不適，但拖延不去看醫生，不知不覺間令她十分憂心。在分享過程中，她發現自己原來十分擔心老伴的身體狀況。稍後在回應這個訊息的環節裏，她表示可以主動向老伴表達這份擔憂，並鼓勵他檢查身體。這位組員後來表示老伴願意因為她的表達而去檢查，結果她的睡眠也明顯有所改善。

- 覺知味道，回歸當下

  一位組員因要照顧患認知障礙症的丈夫，內心有很多煩惱，心情低落。在慢食體驗的過程中，她驚覺自己過去只是機械式地「為吃而吃」，填飽肚子便算，但慢食令她重拾食物的滋味，例如發現剛才吃的雞翼十分美味、重新嚐到檸檬的味道，因此她非常享受整個過程。這節小組後，她繼續培

養慢食習慣，每當用餐時都能回歸當下，更成為了她回應苦惱的方法。後來在小組重聚日，她更表示參加了有關生機飲食的工作坊，找到了新的興趣，情緒及睡眠均大有改善。

第六節（半日營）

目標：

1. 回應現時生活處境，讓組員了解自己的內心需要。

時間	內容	參考資料／活動物資
15分鐘	**小組開始前** • 工作員收集及跟進組員「睡眠日記」的情況。 • 了解組員實踐「回應失眠背後訊息」行動的效果。	• 名牌
20分鐘	**實踐練習回顧** • 簡單回顧上節全日營活動。 • 就回應失眠背後的訊息，請組員分享過去一星期曾嘗試的行動，不論效果如何亦可分享。 • 組員可分享過去一星期在生活或睡眠情況中的新發現。	
20分鐘	**簡介是節目的** • 播放嬰兒哭聲作引子：哭聲反映不同的需要，照顧者需細心觀察，作出相應的安撫。 • 解說：需耐心聆聽失眠背後的訊息，認清並回應自己內心的真正需要。 **進入主題** • 請組員安靜，閉上雙眼，沉澱片刻。 • 工作員可引用組員上節曾說過的語句，引導組員回想失眠帶給自己的訊息或提醒。 • 請組員張開雙眼，留心簡報。 **播放簡報**（sink-in process） • 透過圖像、簡短字句及讀白，讓組員明白不同的人生階段有不同的內心需要。 • 策動組員了解自己此刻的需要。 • 簡報播放完畢時，提醒組員繼續保持安靜。	• 「明白內心需要」簡報 • 嬰兒哭聲聲帶及圖片 • 純音樂

35 分鐘	**內心需要盒子** • 引導組員進入活動。 • 工作員簡單介紹物料。 • 邀請組員想像打開內心需要盒子時會看到甚麼。 • 每人取一個木盒，將代表內心需要的物料放進盒中。 • 過程中提醒組員保持安靜。 • 組員可按此刻的心情，為木盒加添色彩。	• 製作內心需要盒子 • 純音樂 • 不同形狀的木盒 • 不同類型的原材料 （如石頭、木片等） • 蠟塊 • 廣告彩 • 畫碟、水及膠杯 • 不同大小的畫筆 • 粗筆 • 剪刀 • 膠水
40 分鐘	**分組分享** • 請組員從不同的角度和距離，觀看自己和其他組員所製作的盒子。 • 組員可按自己的步伐，分享過程中的發現。 • 提醒組員分享的作用是互相交流和支持，宜細心聆聽別人的心聲，不需急於給予解決方法。	• 內心需要盒子
15 分鐘	**小休**	• 茶點
35 分鐘	**大組分享** • 了解組員對自己內心需要的新發現。 • 讓組員明白內心需要與睡眠的關係。 • 引導組員擬定具體回應方法，記錄在「睡眠日記」的行動欄中。	• 原子筆 • 下週「睡眠日記」
10 分鐘	**結束（ending ritual）** • 請組員手牽手，工作員總結是節內容。 • 輕輕地捏一下別人的手心，向身邊的人傳遞一份祝福。 • 把雙手放在心上，比喻把接收到的祝福放在心裏。 • 在心中說出回應自己內心需要的具體行動。	
5 分鐘	**實踐練習** • 填寫下週「睡眠日記」。 • 鼓勵組員繼續實踐所訂立的行動。	

帶領要點

內心需要盒子

- 開場白參考：

  「剛才的過程中，有甚麼觸動你？腦海中浮現了甚麼？你會如何形容此刻的感覺？」

- 木盒代表著自己的內心，裏面可能有一些我們沒有留意到的需要，但當我們有空間和時間打開去探索時，就自然會發現它們。

- 提醒組員製作盒子時並沒有好惡美醜之分，每人對物料的詮釋和意會各有不同，不用比較、模仿及詢問其他人的看法。

- 提醒組員不用著急，重要的是在過程中的發現，有需要時也可先坐下來沉思一會再製作。

- 可列印「明白內心需要」簡報內的字句或圖像，並放在物料桌或貼在牆壁上，有助勾起組員的聯想。

第七節

目標：

1. 懂得處理苦惱的方法。

2. 應用處理方法於睡眠情況上。

時間	內容	參考資料／活動物資
15 分鐘	**小組開始前** • 收集及跟進組員「睡眠日記」的情況。 • 了解組員實踐「回應內心需要」行動的情況。	• 名牌
15 分鐘	**實踐練習回顧** • 派發「每週摘要」，讓組員回顧小組前至今的睡眠效率。 • 可請有較多進展的組員分享經驗和感受。 • 組員可分享實踐行動時的困難。	• 「每週摘要」
20 分鐘	**短講** • 介紹處理苦惱的方法，包括面對、接受、處理及放下。 • 針對失眠或生活上的問題，提醒組員需學習拿捏及接納自己能影響和不能影響的事，在生活中保持清靜的心境。 • 以「大小圈」作講解，重點包括： 　➤ 能影響的範圍往往少於自己關心的範圍； 　➤ 分辨能影響和不能影響的範圍； 　➤ 面對不如預期的事情時的處理方法； 　➤ 如已做了該做的，學習接納自己不能影響的部份。	• 「大小圈」（參考 P.72） • 簡報
10 分鐘	**小休**	
30 分鐘	**個人思考：「大小圈」的應用** • 請組員挑選一大一小、不同顏色的圓形咭紙。 • 在大圈具體寫下自己關注但不能影響的事情。 • 在小圈具體寫下自己關注而能影響的事情。 • 具體記錄可嘗試的行動／處理方法。	• 「尋回清靜心」小組概念（參考 P.48） • 不同大小及顏色的圓形咭紙 • 粗筆 • 純音樂
25 分鐘	**分組分享** • 就「大小圈」的應用作深入分享。	
15 分鐘	**大組分享** • 每人分享一件自己需要接納或作出改變的事情。	
5 分鐘	**總結及祝願活動** • 合上眼，手牽手，深呼吸，簡短總結是節內容。 • 張開眼，和兩旁的組員擊掌以示鼓勵與支持。	• 筆記 • 下週「睡眠日記」

帶領要點

短講

* 以《尼布爾祈禱文》作引子帶出重點，引發組員討論及思考。

* 將處理苦惱的方法應用於失眠上：

  ➤ 當我們不再逼迫自己入睡時，睡眠便會自然出現；

  ➤ 當我們不再抵抗失眠時，失眠便會主動撤退。

* 引用組員所關注的事情作為例子，幫助說明「大小圈」的概念及應用。

「大小圈」

「大小圈」的應用

* 給予組員時間沉澱，將短講的概念轉化成個人的實踐應用。

* 經過日營及半日營後，工作員大致能掌握組員的一些苦惱事件，有需要時可加以引導。

* 真實例子：

第八節

目標:

1. 鞏固組員於小組內的經驗。

2. 增加組員對日後處理失眠的信心。

時間	內容	參考資料 / 活動物資
15 分鐘	**小組開始前** • 收集及跟進組員「睡眠日記」的情況。 • 了解組員實踐「處理苦惱方法」行動的情況。	• 名牌
20 分鐘	**實踐練習回顧** • 請組員分享過去一週實踐「處理苦惱方法」的經驗，及對睡眠質素的影響。	
20 分鐘	**小組回顧** • 播放簡報，重溫每節小組重點內容及學習點滴。	• 「小組回顧」簡報
10 分鐘	**小休**	• 茶點
30 分鐘	**分組分享** • 向每位組員派發「每週睡眠摘要」及紙咭一張。 • 請組員參考「每週睡眠摘要」及小組回顧內容，並思考:(1)日後可能會影響自己睡眠的事情、(2)具體的對應方法，分別寫於紙咭的兩面。	• 分組分享 • 「每週睡眠摘要」 • 紙咭 • 原子筆
10 分鐘	**大組分享** • 請每位組員簡短分享紙咭上的記錄。	
10 分鐘	**祝願活動** • 於房間中央放置一個盒，內裏有不同款式的原材料。 • 每位組員獲發一個紗袋，拿取盒中的原材料與其他組員彼此交換，放在袋內，以適合的說話或身體語言互相祝福。 • 工作員可一起參與。	• 不同款式的原材料（如木條、石頭、貝殼、彩珠等） • 紗袋 • 純音樂
10 分鐘	**總結** • 與組員商討重聚日時間（約於小組完結後一個月舉行）。	
10 分鐘	**填寫問卷** • 填寫活動意見問卷及小組後評估問卷。	• 活動意見問卷 • 小組後評估問卷

帶領要點

「小組回顧」簡報

- 回顧時加入組員的發現及分享重點,更容易勾起組員的記憶及引起共鳴,達到鞏固經驗的效果。

分組分享

- 提醒組員隨著生活環境及身體等各方面因素轉變,失眠可能於日後再次出現,需預先作準備,持續實踐可行及具體的對應方法,並嘗試以平和的心境回應失眠。

- 透過小組互動,鞏固組員間學習到的知識及成功經驗,加強組員對小組完結後持續實踐的信心及效能感。

小組重聚

目標：

1. 增加組員互相支持的凝聚力。

2. 增強日後處理失眠的信心。

3. 鞏固組員於小組的經驗。

時間	內容	參考資料／ 活動物資
15 分鐘	**小組回顧** • 工作員簡單回顧小組的重點內容作引子。	
90 分鐘	**大組分享** • 每位組員分享過去一個月的睡眠狀況及經驗。 • 工作員及組員可自由給予回饋，包括對應失眠的心得、阻礙睡眠的因素及生活的前瞻等。	
15 分鐘	**總結** • 鼓勵組員間多聯絡，互相同行與支持。 • 工作員可自行設計適合組員鞏固小組經驗的東西，如相片、書籤或放鬆練習錄音等。	

帶領要點

大組分享

• 小組組員經過八節活動，多已十分熟絡，這次重聚只需營造溫馨關懷的氣氛，讓大家輕鬆地分享。工作員可按組員喜好安排不同的重聚形式，如茶聚式分享、小組後午餐、戶外聚會等。

検討篇

3.1 「尋回清靜心」小組成效檢討

在量性研究（quantitative research）方面，我們收集了各組的意見問卷，以了解組員對小組的滿意程度、組員評估小組後對失眠的理解和其情況、組員對小組細節及安排的評價，共有四十一位組員填寫及交回滿意程度問卷。另外，為了進一步了解小組成效、對參加者的影響及改善長者失眠情況的小組因素，我們共邀請了十二位來自不同小組的長者，分別進行了兩次聚焦小組（focus group）面談，每次大約兩小時，作為質性研究（qualitative research）數據，然後進行主題分析（thematic analysis）。

量性研究結果

1. 組員對小組的滿意程度

整個部份共有三題，包括「1. 對這個活動感到滿意」、「2. 這個活動能達致你的期望」、「3. 這個活動對你有用」。結果顯示，組員對小組活動感到滿意和非常滿意有 97.60%。同時，有 92.70% 的組員認為小組能達到他們的期望。另外，97.60% 的組員認為小組對他們有用。

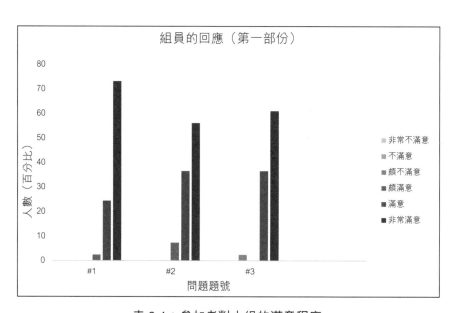

表 3.1：參加者對小組的滿意程度

2. 組員評估小組後對失眠的理解和其情況

這部份題目包括「1. 對失眠有更深入的理解」、「2. 改變對失眠的想法和態度」、「3. 改善失眠情況」、「4. 改善睡眠質素」、「5. 減少使用安眠藥物」、「6. 處理失眠背後的壓力」。結果顯示，有八成組員表示小組能幫助到他們對失眠有更深入的理解（82.90%），讓他們明白導致失眠的原因。九成組員對失眠有更正面的想法和積極的態度（90.20%）。有八成組員表示小組能夠有助改善失眠的情況（80.40%）和睡眠質素（80.50%）；我們認為這個結果是可以預計的，因為處理失眠的第一步是了解失眠的原因，從而採納正面的方法去改善失眠，提升睡眠質素，減少失眠。關於安眠藥物的使用，六位組員沒有回答（14.63%），二十位組員表示他們沒有服用安眠藥物（48.78%），在十五位有服用安眠藥物的組員當中，超過六成表示小組可幫助減少使用安眠藥物（66.67%）。大部份組員亦表示小組可幫助處理失眠背後的壓力（73.10%），讓他們明白反思失眠背後的原因，及尋找適合的處理方法。

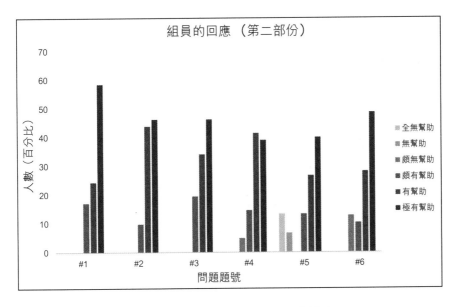

表 3.2：組員認為小組對失眠的幫助

3. 組員對小組細節及安排的評價

第三部份共有三題，包括「1. 開組時間」、「2. 小組節數」、「3. 場地及設施」。結果顯示，大部份組員對開組時間表示滿意及非常滿意（92.70%）。小組節數方

面，絕大部份組員亦表示滿意（95.10%）。有九成組員對場地及設施的安排表示滿意（92.70%）。

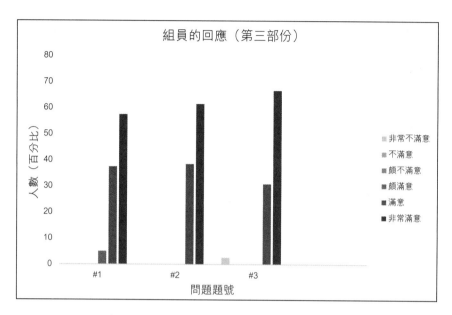

表 3.3：組員對於小組細節及安排的滿意度

質性研究結果

1. 小組成效

a. 裝備改善睡眠的知識與技巧

在小組中，長者透過有關睡眠知識的短講，認識到更多日常生活習慣和生理時鐘兩者與睡眠之間的關係，例如睡前飲用太多湯水，會增加半夜起床如廁的次數；睡不著在床上看書、玩手機遊戲或聽收音機等，都會增強睡床與清醒的連繫。當長者了解到這些知識後，會嘗試在生活中實踐改變。經過八節小組後，大部份長者半夜醒來及早醒的次數有所減少，而由清醒過渡至入睡的時間亦有所縮短，失眠情況有所改善。

其實呢個小組俾你了解吓自己失眠、喺咩情形下會失眠，同埋講解吓有咩幫助解決自己問題，原來有啲方法係唔啱嘅，瞓喺張床成日響度數綿羊，但係你哋中心教，如果瞓唔著就要起身做其他嘢，唔好賴床、唔好瞓响張床瞓唔

尋回清靜心

到都要瞓。

我往時就好興聽收音機，好爛癮，但係聽到咁上下，可能「庵」你瞓咽一刻，亦都會突然間嘈醒你嘅，咁就有排先恰返著。而家我又聽佢哋講啦，試吓唔聽咽個收音機住，聽一段就熄咗佢，完全唔好理喇，放低哂。咁樣鬆弛咗之後，又易入睡啲。

b. 打破對睡眠的既定想法

在小組中，工作員與長者檢視一些既定想法如何影響睡眠，例如「每天要有八小時睡眠」、「睡不著也要躺在床上令自己入睡」、「沒有做夢等於沒有熟睡」等，並了解當中是否包含與現實不符的期望，再按個人特質、環境、心理等因素，提出與實際情況相符的回應。小組結束後，即使長者的整體睡眠時間未必有太大轉變，但對自己的睡眠狀態有了新的理解，以及減少強逼自己達到主流對充足睡眠的標準和形態，都是有助他們改善睡眠質素的。

政府成日話 8 小時睡眠，咁我 4 小時左右其實都得，我都夠喫。我哋而家啲咁嘅年紀，有 5、6 個鐘瞓都算好。

咁我覺得眼瞓啲上床，好過喺張床度啦時間啦。……我聽你哋講有啲人 9 點、10 點瞓，咁我有個妹妹都係，佢早瞓咁佢咪早醒囉。

c. 發掘生活中的其他可能性

在小組第八節及兩個聚焦小組的訪談中，不少長者均表示在一個舒適的環境中進行新體驗（例如放鬆練習、慢走、大休息、慢食等），增加了他們對身體反應及感官的覺察。因此，小組為長者提供了時間和空間去聆聽自己的內心需要，紓緩他們身體的一些症狀，從而令情緒、整體生活及睡眠質素均有所提升。

喺中大咽一節係非常好嘅。因為佢帶到我地個生活係要慢活，唔駛咁緊張，咁你個人個情緒就自不然放低架喇。

即係瞓喺度吸氣呼氣，你放鬆咗個人呢，直頭成個人放鬆，吸氣呼氣真係可以幫助你入睡。

慢食咽度我都一路去實踐嘅，我覺得真係幫助咗好多，而家我自己係瞓得幾好嘅，即係差唔多都有 9 成係瞓得幾好嘅，可以 6 點幾起身，我覺得係進步

得好好、好多嘅，同埋十幾年都未試過。

往日我都唔知點解，每一晚食完之後瞓到十二點零呢，就開始感覺有啲心跳，同埋感覺好唔舒服。咁我睇醫生，醫生就話可能會有啲胃炎，咁我就記得返要慢慢食，唔好咁急，咬爛晒先再吞，同埋唔好食咁飽，咁我而家感覺就少咗唔舒服。

2. 小組對長者的影響

a. 行為轉變

在聚焦小組中，不少長者均指出自己參加小組後，在與睡眠有關的生活習慣上有所改變，特別是切斷睡床與清醒之間的連繫、減少半夜起床次數、增加晚上睡意等。長者透過其他組員和工作員的回應，再自行調整行為，逐漸找到適合自己的方法，加上一些成功經驗，都有助推動他們於小組結束後繼續在日常生活中實踐。

起碼唔會喺個床度睇報紙呀，而家唔駛，可以倒頭便睡。咁有時又要湊孫，同個孫行吓海濱長廊，呢個真係有效，呢一點就最好架啦，行吓個人都醒啲、爽啲呀，咁你到夜晚黑嘅時間就比較容易啲入睡。

以前我夜晚瞓覺之前睇平板電腦、手機嗰啲嘢，而家就戒咗架喇，而家淨係睇翻以前嗰啲武俠小説，睇咗幾廿年喇，全部知道晒啲劇情，不過翻睇咁睇一陣間瞓覺。

我晚黑唔飲咁多湯水，咁我就少啲去洗手間。如果唔係呢，我每一晚起碼最少都兩次，甚至有陣時三次嘅，咁我而家就盡量係咁樣減低。

自己都警惕自己，唔應該賴床嘅。有時朝頭早醒咗瞓唔到，我會起身做一輪嘢，之後或者會返上床瞓過都唔定，又或者唔會，但係就唔學得以前咁真係會賴到嗰個鐘數先至起身。

瞓覺嗰度，教嗰個呼吸法呢，我覺得都係好好嘅。因為我以前都有話瞓唔著去數綿羊，但係呼吸法係真係用得好啲。

b. 態度轉變

有些長者會因為個人性格或心事未了而影響睡眠，例如腦海裏有較多思緒，至晚上腦部仍很活躍，難以入睡，又或半夜醒來時想起未能放下的事，勾起各種情緒，以至對自己晚上久久未能入睡而感苦惱等。這些長者均指出，透過小組內的分享與回應，可以幫助他們從另一角度看同一件事，雖然事情未必能即時解決，整體睡眠時間也不一定有很大的改變，但想法上的轉換，有助改善他們的心情和整體生活質素。當小組完結後再遇上類似的事件，長者會想起及應用在組內學習到的對應方法，減低對情緒和生活的影響。

> 我最記得嗰位姑娘講過，唔好一下子去到十號風球呀，你一號風球先，唔好一下拉到咁遠，呢個係我嘅弊處呀，我自己知，咁而家就明白唔好一下去到十號風球。即係成日都响個腦度「叮」一下，呢個係事實嚟架嘛，唔可以下下去到十號風球架嘛。因為我個人太緊張，好多事情我係知架，不過唔知用咩方法解決咗佢，所以一下子就去到十號風球，一有咩事我就緊張大師。有時呢啲係經驗嚟，有啲野根本解決唔到嘅，咁你要漸進呀，聽下人哋啲理論、人哋啲意見呀，經思考去諗到呢個方向囉，唔好咁緊張先，緊張都解決唔嚟，放鬆咗啲。

> 我又唔係話唔夠瞓，如果你真係唔夠瞓，行出去人哋睇到你成個人烏吓烏吓咁樣。我問過醫生駛唔駛開啲安眠藥我食，醫生話唔需要啊。即係你習慣咗瞓少咗咋嘛，唔係代表乜野，唔駛理佢嫁，到時兩點鐘醒又好，一點鐘醒又好，你咪由得佢，順其自然咁樣囉。

c. 情緒轉變

不少長者在聚焦小組訪談中指出，透過與其他人分享、擴闊社交圈子、轉換新環境和嘗試新體驗等，有助了解自己平常處理事情的方法，並在學習放鬆的過程中，讓生活節奏慢下來，令情緒較參加小組前放鬆和開朗。

> 我初初上嚟嗰時，個頭好似金剛罩咁，上完呢啲堂，或者咁樣傾完計呢，個腦無咁實，總言之個人就輕鬆啲。

> 即係你唔可以响張床度瞓喇，跟住就多啲出去行，唔好成日對住嗰部機，跟住上嚟中心睇吓有咩活動、有咩小組遊戲就參加吓，個人開朗啲，唔會話諗

野諗埋一邊，唔會成日得個諗字，夜晚自然瞓得好啲啦。

有一次我覺得一路好似係嗰樣野轉唔到出嚟，咁我突然間又諗起中大嗰日教過我地要慢慢行，踩落去草地嗰度感覺吓，突然間我又想到呢樣野，咁我跟住就即刻除咗隻鞋，喺個公園嗰度行。咦，行咗一陣，哇，真係個人靜咗落嚟，好快喎，即係嗰個過程同埋時間好短。……有時你真係喺入面呢，係轉唔到出嚟嘅，好多時屋企嗰啲野，都係轉唔到出嚟。我都試吓用呢個方法，除咗隻鞋去感覺個地下。啊，好快可以轉到過嚟喎。即係呢個感覺，我覺得係好快啦，一陣間已經好似唔記得咗。

3. 小組因素

a. 共通經歷

從聚焦訪談中，我們發現組員間因共同擁有失眠的經驗，所以較容易有同路人的感覺，而家庭關係問題、喪親等經歷，在組員間也頗普遍，令長者看到由這些事件所引發的情緒或失眠情況，並非個人問題。這種共同經歷有助組員間產生共鳴感和建立關係，增加小組的凝聚力，互相推動改變。

大家共通想得到最好結果，目標一致，唔係搞破壞，所以好開心嘅。

我最難過係丈夫走嗰時，我成日自己匿埋，無辦法走出去，啲細路都好驚我有事，後來我點解會轉轉折折嚟咗呢個失眠小組呢，即係分散咗，原來佢咁樣走咗呢，就係唔想我咁辛苦呢，都聽到有啲組員，有啲親人都係咁樣走嘅……

b. 問題的普遍性

雖然小組強調失眠的情況、原因及改善進度等是因人而異的，無需與其他人比較，以免引發競爭或自卑感。然而，我們從訪談中發現部份長者在參加小組前，較聚焦於自己因失眠或其他經歷所帶來的情緒，容易出現「只有自己才有失眠／生活問題」的感受，忽略了其他人也可能面對相同或更大的困難。長者參加小組後，了解到問題的普遍性、看見他人的難處，甚至知道自己並非最不幸時，有助他們跳出既定的想法，轉換看事物的角度，從而有更大的動力去改變。

即係有時你以為自己好慘，不過你聽到人哋仲慘，即係變咗，原來我哋呢啲係小兒科嚟嘅，變咗個人有咁執著有咁緊張，放鬆啲，發生啲嘢好似好大咁，你睇吓，人哋隔離嗰啲仲慘過我哋嘅，即係個人可以鬆少少，唔會咁專注去諗嗰樣嘢，你又會好啲。

同埋有啲老人家呢，真係好唔方便，但係佢都係好努力去行。咁呢啲就係強心針喇，人地唔方便嘅，佢都咁努力，點解我地方便嘅，唔珍惜。

咁都希望參與吓，聽吓啲同學仔，原來每個人個經歷都唔同嘅。每一個人瞓覺都唔同，有啲人比我仲慘啊，一晚瞓兩、三個鐘，三、四個鐘咋原來。

c. 小組規範結構

在小組前面談及小組第一節中，工作員已向組員強調保密的原則及重要性，讓組員可安心地在小組內表達較隱私的事件和內心感受。另外，工作員在組前面談中也會提及小組有較多分享環節，並在過程中鼓勵組員之間多分享，營造互助氣氛，加上採取不批判的態度，這些都有助小組的推進及提升組員對改善現況的信心。

即係大家由個心度講出嚟，唔係話淨係聽人地講咁冇意思啦，即係你自己都要打開你個心，你想求乜嘢、你想點處理。

因為我地上第一堂嘅守則，今日講嘅嘢同學唔可以帶出去。講咗算數，呢個守則最緊要大家保持。唔可以當飯後講，哎呀我嗰個同學又乜嘢啊、我嗰個同學又乜嘢。如果係咁樣嘅，變咗唔會講自己嘅心事出嚟。如果你公眾地方呢咁講啲私人嘢呢，唔知隔離嗰啲係咩人，唔夠膽講。你喺呢度唔同，大家都係好尋求幫助，同埋希望大家攞到嗰個資訊，好瞓啲，自己可以夠膽講自己心中嘅說話出嚟。

d. 模仿學習（Modeling）

組員各自分享曾嘗試的不同方法，了解實踐的效果和當中的障礙，從中選擇合適的方法去應用，並觀察進度及成效。相對單向式講座或一對一學習，小組內的模仿學習提供更多可行性予組員參考，而眾人的回應亦提供更大的誘因，讓組員反思和改進自己的實踐行動。

我又可以吸收吓人地點樣的生活方式，又可以幫到點樣去改善到佢個睡眠喔，又或者佢點樣將生活放低，唔好諗咁多，自己認為係啱用嘅，又吸收到囉。若果你一個人，單對單就真係冇咁多野識到啊。

大家一齊咁樣傾吓講吓呢，吸收到人地啲野，自己都係學得到嘅，都唔係淨係自己嗰一套，譬如話對方咁樣講，咦係喎即管試吓，或者又有幫助都唔定。

同學仔有得分享俾你聽嘛，大家一齊笑、一齊玩、一齊食，但你自己呢，就算你一個先生教我一個，我無嗰個樂趣出嚟囉。即係你淨係個老師教我咁多，我就入咁多，但係成班一齊聽呢，跟住會有個小組分享架嘛，咁大家會講下，互相勉勵，互相會去講下自己啲經歷，嗰兩個鐘頭時間係好容易過。

小組後意見問卷

活動名稱：「尋回清靜心」長者失眠改善小組

日期：

一、*整體來說，你對這個活動感到滿意嗎？*

☐	☐	☐	☐	☐	☐
1. 非常不滿意	2. 不滿意	3. 頗不滿意	4. 頗滿意	5. 滿意	6. 非常滿意

二、*你認為這個活動能達致你的期望嗎？*

☐	☐	☐	☐	☐	☐
1. 非常不滿意	2. 不滿意	3. 頗不滿意	4. 頗滿意	5. 滿意	6. 非常滿意

三、*你認為這個活動對你有用嗎？*

☐	☐	☐	☐	☐	☐
1. 非常不滿意	2. 不滿意	3. 頗不滿意	4. 頗滿意	5. 滿意	6. 非常滿意

四、*你認為這個活動在以下幾方面對你有多大幫助？*（請圈選合適的答案）

	全無幫助				極有幫助
a. 對失眠有更深入的理解	0	1	2	3	4　5
b. 改變對失眠的想法和態度	0	1	2	3	4　5
c. 改善失眠情況	0	1	2	3	4　5
d. 改善睡眠質素	0	1	2	3	4　5
e. 減少使用安眠藥物	0	1	2	3	4　5
	☐ 沒有服用安眠藥物				
f. 處理失眠背後的壓力	0	1	2	3	4　5

五、請 ✓ 你對下列幾方面安排的滿意程度

	非常不滿意	不滿意	頗不滿意	頗滿意	滿意	非常滿意
開組時間						
小組節數						
場地及設施						

六、這個活動對你特別有幫助的地方是：

_____

_____

_____

七、對小組的其他意見／建議：

_____

_____

_____

〈多謝合作〉

聚焦小組——失眠長者服務探索性研究問題

對象：曾參加「尋回清靜心」小組組員

目的：1. 了解小組對組員的幫助

2. 了解長者的需要

問題：

1) 大家參加失眠小組的經驗如何？

2) 小組哪些環節對你印象深刻？有何幫助？如何幫助？

3) 參加小組後，你有甚麼轉變？（睡眠狀況、生活習慣、與人關係、處理個人問題……）

4) 小組有何不足？可有改善建議？

5) 失眠小組的模式為 8 節小組及 1 節小組重聚，之後便完結，你認為這模式如何？可有其他建議？

6) 假如失眠小組日後定期舉辦重聚，讓不同屆的小組安排重聚，你有興趣參加嗎？你期望重聚以甚麼形式進行？內容如何？日期和時間如何？

7) 除以上提及的問題外，大家可有其他補充以助我們了解小組對失眠長者的需要和幫助？

8) 訪談部份完結，大家對剛才討論有甚麼問題？過程的感受及經驗如何？（工作員如留意到訪談者有個別需要，可作跟進）

3.2 經驗總結

「尋回清靜心」小組共舉辦了六次，累積了以下經驗。

1. 長者易因「失眠」求助，工作員辨識再作轉介

長者遇到困難或心事，很少與人分享或主動求助。然而，長者較容易表達失眠問題，願意主動尋求解藥良方。透過小組建立互信，長者自然地分享內心關注的問題、困擾及需要，工作員便能辨識長者的狀況，提供適切的服務。以下分享兩個實例：

長者甲多年受失眠困擾而原因不明。小組分享過程中，她漸漸發現繼母深深地影響她的成長，即使現在退休生活愜意，仍常常發惡夢；同時，她發現對女兒的擔心遠超於實際的需要，家人關係也變得緊張。小組讓她察覺和繼母的關係可能是失眠的根源。小組完結後，工作員轉介她接受個別輔導，處理內心的心結。

長者乙過去甚少參加長者中心活動，從中心通訊得知「尋回清靜心」小組便主動報名。小組過程中，他分享孫女已升中學，不需太多照顧，令到日間空閒的時間增多。小組完結後，工作員邀請他協助擔當長者義工，並參加識字班等中心活動。於是，他擴闊了社交網絡，日間愉快的生活及活動量增加，睡眠質素隨之改善，生活質素也因此提升。

2. 本小組強調聆聽失眠背後的訊息，由起初分享失眠這身體徵狀問題，轉向分享自己關注的事情或困擾。工作員需要一方面掌握改善失眠的相關知識及介入手法，另一方面要對長者的困擾有深入的理解及敏感度，懂得在小組過程中提升組員對自己的覺察。總結小組經驗，失眠長者常提及受困擾的事情包括：

- 死亡（擔心自己、伴侶或家人死亡，或面對親人離世的哀痛）

- 照顧者的情緒困擾（擔心受照顧家人健康突然轉差、覺得自己做得不夠好）

- 長者和外籍傭工的關係（不滿外籍傭工的工作表現、面對工作多年的外

尋回清靜心

籍傭工離職）

- 擔心子女或兒孫（即使子女兒孫長大，仍時刻牽掛）

- 與同住家人的關係及衝突（跟同住女兒相處的衝突等）

- 過去的遺憾事情（如重要飾物被親人偷去、家人過身前未能見最後一面
  等）

3. 失眠的相關知識及介入手法很多，在有限節數內，如何篩選小組內容是十
   分重要。透過觀察者的回饋和討論，使內容更聚焦和精鍊。以填寫「睡眠
   日記」為例，起初我們安排在第一節活動內進行。然而，填寫「睡眠日記」
   對長者來說有一定難度，需要工作員作詳細講解，甚至作個別跟進。檢討
   後，決定在小組前加插一節睡眠日記教學，確保組員掌握「睡眠日記」的
   填寫方法，有助組員客觀地理解自己的睡眠狀況，同時在第一節可以有更
   充裕的時間講解小組的概念。

4. 短講內容力求精鍊，重點寧少莫多。過往因短講內容過於深入和艱深，結
   果需要花更長時間解説。重點必須要清楚，按經驗，短講內容約 20 分鐘是
   合宜的。

   例子一：我們曾以盒子作比喻，嘗試讓組員了解自己的想法、行為、情
   緒及環境之間如何影響睡眠。可惜由於內容過於艱深，結果組員難以理
   解。經過檢討，把小組的思路重新整理，並設計「尋回清靜心」小組概
   念，由於簡潔易明，因此，組員更易理解和吸收。

   例子二：第五至第八節較著重讓組員覺察自己、明白自己的內心需要，
   並嘗試以行動回應自己的內心需要。但起初帶領這環節時，我們直接運
   用「內心需要」一詞，並透過工作紙形式作討論，後來團隊知道長者難
   以理解此詞語，需要花很多時間討論才能掌握。團隊不斷反思，改用長
   者更易理解的詞語，包括：「內心關注的事情」、「內心糾結的事情」、「一
   些未了的心願」等等，再輔以軟性的藝術環節，令長者更易表達「內心
   的需要」，並能為自己作出一些回應的行動。

5. 分組安排對小組過程發展十分重要，除第一節外，小組討論多由工作員負

責分組安排，工作員如能評估組員進展、考慮組員的特性、理解能力、失眠的性質等分組，讓分組（sub-group）發揮小組互動的效果。例如，把能力相若的組員編在同一組，工作員能以較淺白的方式鞏固短講的知識。

6. 睡眠狀況是會隨年月、環境及生活事件而改變的。失眠只是表徵，反映背後關注的事情及這些事情帶來的自然結果。即使組員參加小組後，睡眠問題得到改善，但失眠仍有機會再次出現，工作員和組員需以平常心看待。小組的重點是增強組員應對失眠的能力，懂得聆聽失眠背後的訊息及回應自己內心的需要，以尋回平靜的心境。

7. 長者一般有「家醜不出外傳」的想法，不容易向外人分享自己的困擾。因此，我們先在組前面談中篩選了願意分享和保密的長者成為組員，避免一些只想單向吸收失眠知識的長者參與其中。在小組開始時，安排組員先簡單分享自己的失眠形態，並以分組形式進行，逐步建立組員間的互信。

8. 這小組先由資深社工帶領，並安排社工組成觀察團隊，每節後給予回饋及分析，隨後觀察團隊的社工成為帶領小組的工作員，再邀請其他社工擔任觀察團隊，達致傳承的效果。另外，小組開始前徵得組員同意作錄影，在督導下從錄影中反思組員及工作員的互動，有助累積經驗。

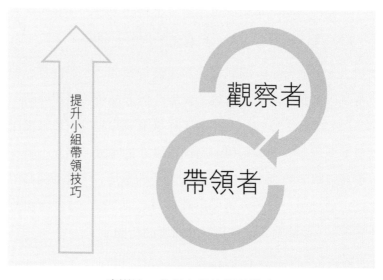

培訓社工帶領小組的學習模式

尋回清靜心

9. 由於失眠有一定的複雜性，所以小組需以八節（共 23 小時）處理。雖曾擔心節數太多、時間太長，長者在體能上及專注力上未必能夠應付，但我們發現新一代的長者對活動質素有一定要求，只要服務能對應長者的需要，他們便會樂意參加。

3.3 服務反思

在帶領六個小組的過程中，我們除了總結小組經驗外，還不斷就長者失眠問題作出很多討論及反思，總結要點如下：

1. 以身心社模式理解長者的失眠問題

   我們發現長者的失眠問題牽涉不同因素。當中有些長者失眠，主要因為不良睡眠習慣所導致，一旦調整了相關習慣，睡眠情況可以迅速獲得改善。但亦有不少長者的失眠其實與其健康問題、家庭關係、喪親或精神健康問題有關，因此在處理長者失眠問題時，需更多以身體、心理及社會處境模式思考，以回應長者全人的需要。

2. 跨界別的伙伴協作

   小組未能照顧因疾病引致失眠的長者。從服務發展角度，可考慮與醫療界合作，為長者提供與失眠相關的醫學講座和工作坊（如：藥物與失眠），讓長者吸收正確的醫療資訊。另外，亦可作相關的轉介，讓有需要的長者能獲得合適的支援。

3. 如何協助患焦慮症的失眠長者

   小組未能為患有焦慮症的失眠長者帶來明顯改善，或者與小組針對處理焦慮想法的介入較少有關。小組完成後，我們反思如何可以更好協助這班長者。其中一個方法是加強與其他社福機構的協作，例如轉介患有焦慮症的長者參與其他專業機構提供的認知治療服務，既令組員獲得更適切的幫助，亦讓社會資源得以善用。

   就患有焦慮症的失眠長者的需要，亦可考慮另設一個介入小組。在行為治療的介入以外，針對其焦慮狀況加強認知介入，或探討正念療法對焦慮性

失眠長者的成效。

3. 由小組演變成互助小組

小組過程重視個人的探索及分享，經過八節後，組員之間因信任及支持而連結起來。我們發現，一些組員在小組前很少參與中心其他的活動，但在小組後，他們經常相約其他組員一起參與中心活動，增強了社交網絡，而情緒和睡眠均進一步得到改善。因此，失眠小組可考慮把曾參與小組的組員，組成「尋回清靜心」互助小組，以定期形式，連結曾有失眠問題的長者聚會，以分享、聆聽和回應自己內心關注的事情，鞏固小組所學的知識和技巧。此外，隨著組員在人生路上或會出現不同的轉變或困擾，關注事情的焦點也可能改變，這樣或會引致失眠再現，設立互助小組便能為長者提供持續的支援。

4. 由組員成為義工，為小組提供協助

我們曾嘗試邀請參加過小組的組員，以義工身份繼續參與小組，跟新組員分享以往的經驗，以增加組員改變的動力和信心，並發揮互助的精神。培訓組員成為小組義工可帶來以下的效果：

➤ 鞏固已有的睡眠知識

➤ 從參與中再次學習

➤ 有助提升新參加者投入小組的動機以及加強他們改變的動力

➤ 能認識更多同路人，彼此分享和支持

心聲、
花絮篇

4.1 工作員心聲

時光荏苒，八年前，我們開辦成人失眠小組，當時，大家都是前線社工或在大學教授社工，一起以義工身份參與，建立一個學習團隊，部份成員帶領小組，其他成員為觀察員及研究員，這樣一個跨機構、結合學界及前線社工的組合，互相信任、坦誠溝通、深入交流，使效果更豐富。

後來，我們發現很多長者都有失眠問題，就沿用此模式給他們開設失眠小組。我們帶領小組，其他成員為觀察員，下一次由觀察員帶領小組，邀請新入職的社工作觀察員，並由大學老師督導。這計劃因而傳承下去，令我深感欣慰。

此學習模式發展下來，我們讓社工學生及畢業生加入作觀察員，從中學習，為他們將來帶組作準備。此做法集研究、督導、教學、發展於一身，可見一群有心人群策群力的重要，大家的付出、分享，令當事人能得到更適切的幫助。

在這過程中，我們發現長者失眠背後原來有其他問題，他們未必願意面對深層問題，但願意處理失眠問題。由此入手，小組建立互信關係之後，他們就願意分享，例如家人離世的哀傷、家庭衝突、孤單寂寥、生死的焦慮等。工作員嘗試以新的方法，例如繪畫曼陀羅來幫助長者探索及表達他們的需要。

我非常享受這幾年間的學習及一同成長。

梁玉麒

在辦這睡眠治療小組之前，我對失眠的心理介入一無所知，抱著好奇和發展服務的精神，和眾友好於八年前開始了第一次的嘗試。隨後我們選擇了專注於長者的失眠介入，邊做邊學，摸索有效的介入方法。對我來說，在摸

索過程中最深刻的印象，莫過於發現行為介入的威力。有不少長者，失眠幾年，苦惱非常，但透過八節的小組，落實行動，逐步調整了睡眠習慣，失眠問題就在兩三個月後大幅改善。看到長者笑逐顏開，不再擔心失眠，那滿足感真的很大。每個長者失眠的成因不盡相同，有些長者是因為其他問題（如擔心健康、家庭不和）以致心緒不寧，難以入睡。在這些情況下，若能協助長者了解自己的需要，著手去做可以改變的事或以寧靜的心去接受不能改變的，均有助改善情緒，寬心入睡。

張敏思

尋回清靜心讓我常常有機會跟老師進行討論，每次到中大，就像上山找師傅學藝。想不到畢業多年後，我仍可得到老師的指導，不斷學習。感謝梁玉麒教授、張敏思女士及梁淑雯女士，給我看到社工的專業。

尋回清靜心讓我遇到了一班富有熱誠、對小組工作有認真態度的社工，一起梳理小組內容設計，一起鑽研小組的帶領技巧。在這數年間，我有幸成為了這個團隊的一份子，感謝楊婉兒、葉葆琳、陳順意及李海珊，給我體會到與大家一起工作的美好。

尋回清靜心帶給我很多美好的經歷。小組能為長者帶來轉變，增強他們應對失眠的能力。在我而言，小組給我的得著就是每當我遇到困難、困擾和不安，我也會想起小組內與組員分享的《尼布爾祈禱文》。

「賜我寧靜，去接受我不能改變的一切；

　賜我勇氣，去改變我能改變的一切；

　賜我智慧，去分辨兩者的不同。」

冼鳳儀

從團隊中學習帶領小組

回想這幾年「尋回清靜心」小組的發展，體會一種「不可思議」的團隊合作。

第一，每次都有觀察團隊（社工系學生或有興趣學習小組帶領的社工）。起初由資深社工帶領，自己從旁觀察和學習，每節小組後交流意見及反思，並按小組發展調整策略，大家認真學習，從中學會小組內容（group content）與小組過程（group process）中的平衡。第二，由觀察者變成帶領者，反過來由資深社工觀察，起初感到很大壓力，但回想過來卻是一個非常寶貴的學習經驗，感激社工系老師們無私的培訓。不斷觀察和學習，不斷把理論與實踐結合，才能真正掌握帶領小組的技巧及提升小組的質素。

小組形式協助組員轉變

長者失眠情況普遍，甚至變得習以為常，即使向別人訴苦，也無出路。有的四出尋求不同的藥物或方法，有的甚至已採取置之不理的心態。然而小組讓不同的失眠長者走在一起，同坐一條船，能彼此共鳴，同時卻要為自己找出引致失眠的原因，小組過程讓組員對自己失眠有更多理解，並為自己尋找解決辦法。正如俗語所講：「解鈴還需繫鈴人」。

楊婉兒

早在我唸社工碩士時，已從梁玉麒教授處得知他們和長者中心合作，為一群失眠的長者舉辦睡眠質素改善小組，當時頗遺憾未有時間義務幫忙。畢業後卻在機緣巧合下成為了這間中心的社工，而入職後第一個帶領的小組正正就是「尋回清靜心」睡眠質素改善小組！

剛開始時，我對長者失眠狀況、失眠的心理介入、小組流程等都不熟悉，帶組技巧青澀，幸好之前數個由梁玉麒教授、張敏思女士、冼鳳儀女士和楊婉兒女士所帶領的小組，均有留下錄影片段，讓我這個初學者可從中觀摩，這個經驗也促使我拍下帶組時的過程，除了方便在每節結束後作檢討和

反思外，也可為日後參與這個小組的同事留個參考。帶組「拍檔」的鼓勵、觀察團隊的意見、與老師的會面指導，也讓我對小組的概念及設計有深入的了解，而與同事們共學的氣氛亦令小組更進一步，為長者提供更多向度去面對失眠帶來的困擾。

特別感謝每位曾參加過「尋回清靜心」睡眠質素改善小組的組員，是你們讓我們明白失眠不像表面般簡單，而是與各種人際關係、未了的心事、對自我的看法等互相連結，先辨清自己的真正需要，才能找到適合自己的方法。感恩能和你們同行，分享人生的高低起跌，經歷當中的喜怒哀樂，因為有你們的參與，令這本實務手冊更具人性，也盼望這些經驗得以傳承、散播，令更多長者能在生活中尋回清靜心。

陳順意

很榮幸能加入「尋回清靜心」的工作團隊，活動過程中最開心是看見長者的睡眠困擾得以紓緩，與此同時工作員的相關專業知識也得以提升。過往業界推行的長者失眠工作以醫療介入為主導，而「尋回清靜心」治療小組卻集中以輔導模式介入，協助長者深入探討失眠背後的原因，從而改善失眠問題。我個人十分欣賞小組的推行形式，以及同工用心投入的專業態度，為確保每位參加者能有充足的時間深入傾談個人狀況，活動的部份時間會再分為兩至三個小小組，且每個小小組均由社工帶領交談，以確保參加者有充足時間作個人分享，更有效達到輔導效果。大部份參加者表示睡眠質素有所改善，而最令我深刻的是部份參加者能同時發現和處理積存在內心多年的心事和糾結。盼望未來的日子，我們能積累經驗，繼續推行改善長者睡眠質素的工作，讓更多失眠長者「尋回清靜心」。

葉葆琳

未加入信義會工作前，有機會以義工身份參與「尋回清靜心」治療小組，發現原來長者失眠十分普遍。長者失眠多是長期性的，但它的出現卻是難以預計，有天睡好，有天又睡不好，對自己的身體作息失去掌控，實在令人沮喪，這種纏繞似有還無，不容易得到別人理解，又無從對策，許多長者唯有默默承受。後來我有幸以同工身份加入小組工作，陪伴一班又一班長者經歷「尋回清靜心」旅程，才發現原來失眠是身體給你的訊息，就像嬰孩透過哭，告訴你他的需要。睡眠可能受生活習慣影響，有時是受思維模式及情緒，甚至是潛意識的心事影響，當找到自己失眠的原因，就像解除「緊箍咒」般，身心變得輕盈，我看到長者的正面改變，亦為他們感到高興。

長者活了這麼多年，人生經歷中或多或少有些心事、遺憾或未放下的人和事，而身、心、靈是相連的，探索失眠正正是一個好機會讓他們了解自己的內心需要。

在「尋回清靜心」工作小組當中，很欣賞同事的認真，每一節小組後都會花上大量時間討論個案及小組進程，不斷調整及優化小組，亦感謝中大老師一直在指導，感恩能夠參與當中。自中大老師多年前設計此治療小組，經過前線同工一代又一代實踐與傳承，直至結集成實務書，就如熬煮出「老火湯」，累積的經驗實是難得，期望業界能更為推廣，讓更多失眠長者有機會「尋回清靜心」。

李海珊

4.2 小組花絮

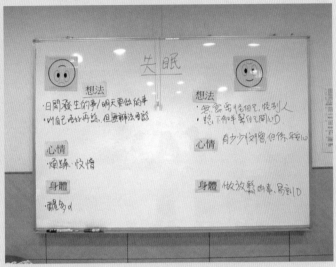

第四節活動。先以「塞車」為例，學習想法、心情與行為反應之間的影響。然後與
組員思考失眠的情況，各人的想法、行為及情緒反應如何影響失眠。

日營活動。享受大自然，放鬆心情，專注慢步。

日營活動。小組討論，一起分享。

日營活動。集體輕鬆的塗鴉，享受愉快的時光。

 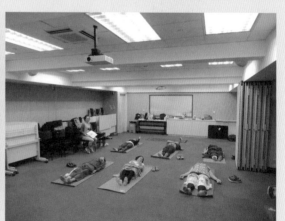

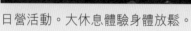
日營活動。大休息體驗身體放鬆。

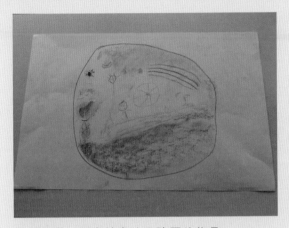

日營活動。長者繪畫的曼陀羅的作品。

日營活動——繪畫曼陀羅例子分享。

這位長者每晚都很難入睡及半夜經常醒來，腦海不斷重複思考正在面對的困境，十分辛苦。她感覺自己的思緒不停在打轉，於是拿起黑色乾粉彩，直覺地用力畫下大圈，然後再拿起不同顏色，由外至內重複轉圈。當小組分享時，她分享失眠背後讓她感受到自己作為照顧者，承受十分大壓力，很多事情要作決定，但又不知如何決定。她感到自己不斷重重複複。後來再進深分享時，她鼓起勇氣站在曼陀羅中間感受這份重重複複的感覺，並嘗試感受自己如何可以置身當中，仍能感受一份平靜。在往後的節數中，她分享很多讓自己在生活中感到平靜安舒的方法，包括向子女傾訴，讓他們也一起參與決定，亦開始接受親戚的幫忙，不用所有事情都獨力承擔。另外，她從慢食中，學會享受專注當下，讓自己的腦海不用重複思考問題。她的睡眠也得到很大的改善。

日營活動。由長者製作自己的「尋回清靜心」概念圖。中間圓圈部份是曼陀羅的圖畫,一起分享,聆聽失眠背後的訊息,然後為自己訂下回應失眠背後訊息的方法。

日營活動。引導長者製作內心需要的盒子。一位長者放了幾顆石頭在內心需要盒子,表示希望家人能多陪伴,以及能多與家人連繫。

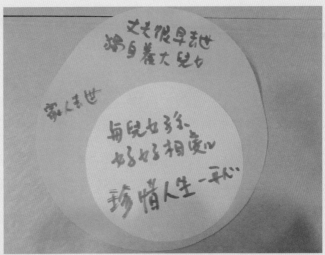

第七節活動。引導長者思考大細圈的應用,並製作自己的大細圈。

第八節活動。組員彼此祝願。

小組重聚後,長者們一起分享親手製作的食物。

機構介紹

基督教香港信義會社會服務部自 1976 年成立，是本港大型的綜合性社會服務機構，以創新的方式、關愛及以人為本的精神為基層及弱勢社群提供多元化的服務。本會現時共有超過 50 個服務單位，服務範圍遍佈全港，由幼兒到長者，從家庭、學校以至職場，服務人次每年超過二百萬。

近年，本會以創新手法關懷弱勢社群為服務目標。創新項目包括：

成長小先鋒　透過親子活動及教學攤位，培育幼兒理財之道。

賽馬會新世代爸媽支援計劃—為 24 歲或以下爸媽提供全面的支援服務。

香港青年才藝學院—以舞蹈、戲劇培訓作媒介，燃起青年人追尋夢想的動力。

長腿叔叔信箱—聆聽及回應孩子的來信，陪伴他們健康成長。

快樂家庭—透過培訓、網絡連繫及專業支援服務，共建快樂家庭。

生命故事—幫助抑鬱長者撰寫故事，肯定自我價值。

金齡薈—以社企模式服務 50 歲或以上人士，讓他們擁抱黃金歲月。

男爵樂團—為金齡人士提供學習音樂及表演的平台。

中醫支援—以中醫藥針灸治療，處理吸毒後遺症。

青年職涯發展—商校合作，協助青少年規劃人生、發展事業。

恩青營（鞍山探索館）—活化歷史建築，讓大家體驗昔日馬鞍山礦村村民拼搏堅韌的精神。